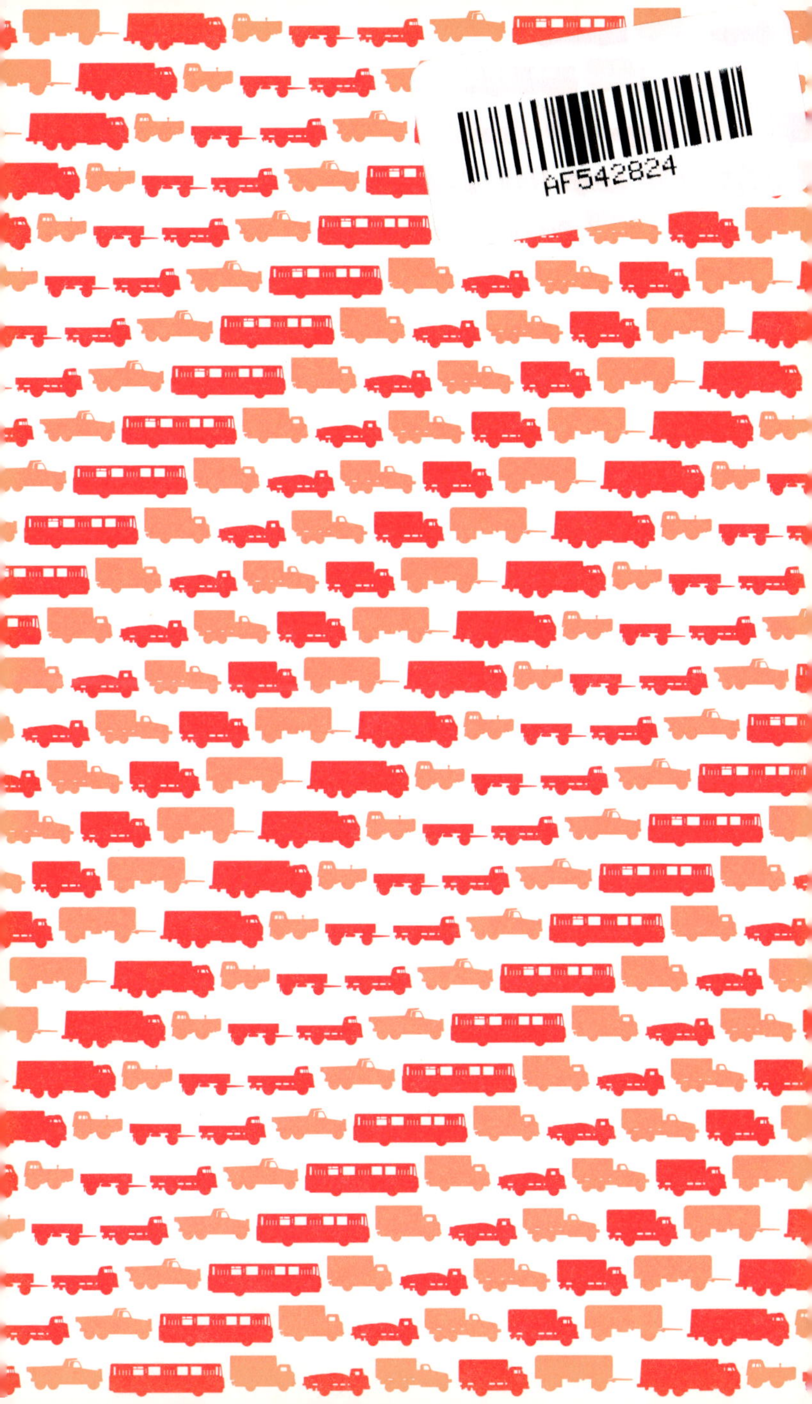
AF542824

Ross : valentine

VALENTINE

VON

MONICA ROSS

Deutsche Erstausgabe

Übersetzung und Nachwort von
Susanne Altmann

Herausgegeben von
HALLE 14
Zentrum für zeitgenössische Kunst Leipzig

Spector Books. Leipzig.
M.M.XX.IV.

VORWORT

[zur deutschen Ausgabe]

WENIGE Jahre nach dem Fall der Mauer, im Mai 1992, besuchte die britische Künstlerin MONICA ROSS (1950–2013) Ostdeutschland. In der Dresdner Gemäldegalerie begegnete sie unerwartet der *Sixtinischen Madonna* von RAFFAEL. Wie viele vor ihr, verharrte sie andächtig vor dem Bild. Dieses Erlebnis löste eine jahrelange künstlerische Auseinandersetzung aus, die im Jahr 2000 im Buch *valentine* gipfelte. Zunächst entstand eine Sammlung von Objekten, Geschichten und Zitaten, die ROSS mit dem Bildnis verbindet und von dem das Inventar dieses Buchs sowie eine gleichnamige Installation zeugen. Spätestens nachdem die Künstlerin 1994 durch den Anruf eines Kollegen davon erfuhr, dass es IDA BAUER, bekannt als SIGMUND FREUDS Patientin *Dora*, vor diesem Gemälde genau wie ihr ergangen war, entstand eine Reihe von Texten, unter anderem für die Performance *Day 674* (1994) und die performative Installation *fall* (1994).

valentine lädt uns mit achtzehn Kurztexten auf eine Reise durch die Zeit ein. Wir begegnen nicht nur FREUD, BAUER, RAFFAEL und seinem namenlosen Madonnen-Modell, sondern auch LEWIS CARROLLS *Alice im Wunderland*, KARL MARX, LENIN, NADJESCHDA KRUPSKAJA, RENÉ MAGRITTE und vielen anderen mehr. Auf der Suche nach Gründen für fortwährendes Unrecht und Grausamkeit, für Gleichgültigkeit, autoritäres Denken und Handeln, knüpft die Künstlerin Zeitschlaufen rund um den Valentinstag. Ross stellt uns bei dieser Zeitreise Thesen und Gedanken Walter Benjamins zur Seite, insbesondere aus seinem Aufsatz über *Das Kunstwerk im Zeitalter seiner technischen Reproduzierbarkeit*. Seine Überlegungen zum Funktionswandel der Kunst im Zeitalter des Films und der Massenmedien verfasste der Philosoph 1935 in Paris auf der Flucht vor dem Nationalsozialismus. Er ahnte, dass die faschistische Ästhetisierung der Politik in einem vernichtenden Krieg enden würde. Ross wiederum fühlte sich mit ihrem Konzept einer zeitbasierten Kunst als Kritik herrschender Verhältnisse Benjamins Forderung nach einer Politisierung der Kunst stark verbunden.

Während andere nach dem Triumph des Kapitalismus über den Kommunismus vom Ende der Geschichte träumten, hatte die Künstlerin bereits ein klares Gespür dafür, dass Unrecht und Unterdrückung fortbestehen würden. Von ihr im Inventar von *valentine* gesammelte Zeitungsartikel dokumentieren, wie in den 1990ern ausgerechnet die Erinnerung an die alliierten Bombenangriffe, die rund um den Valentinstag 1945 Dresden zerstörten, zum Vehikel der Holocaust-Leugnung und rechtsradikaler Mobilisierung wurde. Für Ross war die Gefahr sich wiederholender Weltkriege und Genozide keineswegs gebannt. Wenn das Buch jetzt über zwanzig Jahre später dank der Übertragung von Susanne Altmann zum ersten Mal auf Deutsch vorliegt, sehen wir das deutlicher: Schließlich sind soziale Plattformen im Internet zum Werkzeug von Hass und Propaganda geworden, erscheinen populistische und rechtsradikale Parteien in Deutschland und ganz Europa bis in höchste Ämter wählbar, droht eine neue Konfrontation zwischen Ost und West zu eskalieren.

Ross formulierte ihre Kritik an patriarchalischen Rollenmodellen, an der Psychoanalyse, an Kunst als Ornament der Macht und an ihrer Kommerzialisierung mit Zuneigung – fast schon zärtlich –, indem sie sie uns als Valentinsgruß sandte. Statt sie einseitig aufzulösen, arbeitete sie die zutage tretenden Widersprüche heraus, wodurch dieser Text beim Lesen seine kritische Dynamik für uns entfaltet.

Michael Arzt \ Künstlerischer Direktor,
HALLE 14 – Zentrum für zeitgenössische Kunst
Leipzig \ September 2023

VORWORT

[*zur englischen Ausgabe*]

VALENTINE ist eine neue textbasierte Arbeit von MONICA ROSS. Entwickelt aus Untersuchungen, die ihr Performanceschaffen während der 1990er Jahre anregte, bietet *valentine* eine Art Benutzeroberfläche, mit deren Hilfe wir uns jenen Themen und Theorien annähern können, die von Ross' unfehlbar wachem Verstand vorangetrieben wurden.

Der Prozess der Transformation, der Übergang in die Schriftform, ist organisch mit der Verwandlung der Stimme in ein Werk, der Anwesenheit in eine Abwesenheit, verbunden. Denn bei *valentine* handelt es sich nicht nur um eine Reihe von performativen Texten auf gedruckten Seiten. Vielmehr sind sie eine Abfolge von sich überlagernden Augenblicken, in der sich Zeitstränge verweben und wiederaufgenommen werden. Dies gelingt durch eine hingebungsvolle, diverse Umwege einschlagende Annäherung an RAFFAELS *Sixtinische Madonna.* Dieses Werk „spricht" über Ereignisse im Europa des zwanzigsten Jahrhunderts, die untrennbar mit anhaltenden Kämpfen verknüpft sind: wie den Balkankriegen, der „Befreiung" Osteuropas, der Geschlechterpolitik sowie jene um die Auslöschung von Kultur durch die Kommerzialisierung des Kunstwerks. Das Ergebnis ist weder Theorie noch Prosa oder Poesie an sich, sondern eine Arbeit, die aufdeckt und anspornt, uns einlädt in eine Welt weiblicher Sehnsüchte; jene der Madonna, jene von Ida Bauer „Dora“ und schließlich jene der Autorin, Monica Ross.

Lisa Panting \ Direktorin,
Milch Gallery London \ 2000

INHALT

Zeitstücke   Abb. I.

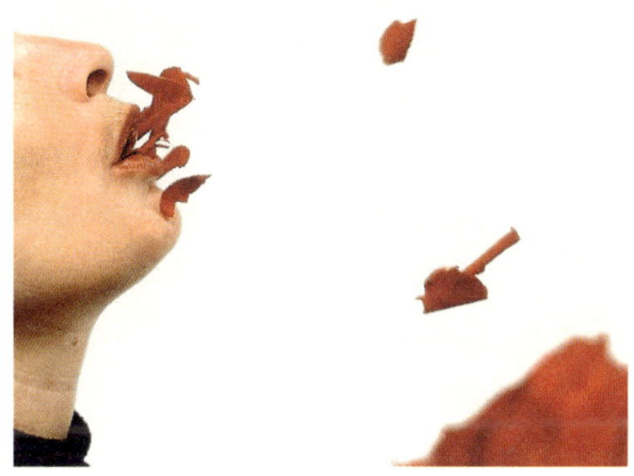

JAHRESTAG

IMMER *Valentinstag*

die Geburt eines Kindes

Brandbomben auf Dresden

Liebe auf den ersten Blick

Bomben auf den Luftschutzkeller in al-Amiriya, Bagdad

eine verratene Liebe

Tag 627 der Belagerung von Sarajevo

noch eine Liebe

Engels schreibt an Marx

ein gebrochenes Herz

manchmal Faschingsdienstag

erinnerte Liebe

I.

Vergessene Dinge

DER Zug fährt ein, und die Fremden überreichen den Freunden, die sie abholen, einen kleinen Blumenstrauß. Dann laufen sie gemeinsam auf der gleichförmigen Oberfläche eines Betonwegs, der sich als unendliche Parallele entlang eines langen, breiten Flusses erstreckt. Zu ihrer Rechten fließen Wassermassen unablässig nach Norden, neben dem Weg, den sie südwärts gehen. Zu ihrer Linken steht eine Ansammlung von Wohnblöcken zwischen öden Flecken mit struppigem Gras, sperrigen Bäumen und blühenden Unkräutern.

Vor ihnen liegt, eine von der Entfernung verschleierte Miniatur, die Stadt.

Mit jedem weiteren Schritt entrollt sich der Anblick der Stadt. Architektur, sachte über Land und Wasser gebreitet, gewinnt langsam an Höhe. Elegante Brücken, von Engeln berührte Turmspitzen, eine sarazenische Glaskuppel, durchsichtig und bunt, erheben sich vor ihnen. Auf dem Wasser bewegen sich gemächlich Frachtkähne, beladen mit Braunkohle verströmen sie den Rauchgeruch von etwas Vergessenem, von brennenden Feuerstätten.

Unter Eisenbahnbögen hindurch und über gepflasterte Straßen mit hohen, rußgeschwärzten Häusern waren sie zum Flussufer gegangen. In diesem Land, von dem man sagt, es würde nicht mehr existieren, hätte sie sofort um eine Ecke biegen und die dreißig Jahre zurück nach Hause laufen können, um ihre Großmutter zu treffen; so wie sie gerade aus dem Garten kommt, sich die angeschwollenen Hände, weiß, rot und rau, an der geblümten Schürze abstreifend.

Stattdessen begeben sie sich auf eine gepflasterte Steigung, die ihnen den ersten Blick auf den Fluss gestattet. Auf einem Fleckchen Brachland, von Bäumen abgeschirmt, grast ein Pferd. Das Pferd dreht sich zu ihnen um, und sie halten für ein paar Augenblicke inne, um sich auf das Geländer zu stützen, welches das Buschwerk von der Straße trennt. Der Apfelschimmel nähert sich langsam, senkt seinen Kopf über der eisernen Brüstung und köpft den Blumenstrauß mit einem Biss.

II.

Nah und fern

ICH hatte nicht erwartet, sie zu sehen. Ich wusste nicht, dass sie dort war.

Ich kannte sie nur als Fotografie. Eine, damals seltene, Farbfotografie von Raffaels *Sixtinischer Madonna,* reproduziert in einem großen, herrlich gebundenen Buch, erschienen vor dem Krieg und mir als Halbwüchsige von einer Lehrerin gezeigt, aus deren Heimat es stammte.

Jahre später und heute schon wieder vergangen, zufällig in ein Museum der Stadt geraten, stehe ich plötzlich vor dem Gemälde.

Genau wie es ein heranwachsendes Mädchen einst Freud erzählte, bin ich regungslos, hingerissen von ihrem Anblick, *andächtig*. Liebe auf den zweiten Blick.

Angetan in Rot, platziert, wo sich der Vorhang des Tabernakels öffnet, scheint die Madonna zu schweben. Ihr Blick ist nach außen gerichtet, in einen Raum, der weder Zeit noch Grenzen hat, über und jenseits von mir ist, und dennoch zwischen uns. Nah und fern zugleich.

Ich sinke in die seherische Sphäre ihres Blicks. Die Madonna kommt auf die Erde. Und der Blick eines Mädchens, in eine Rolle gehüllt, bedrängt von tödlichen Widersprüchen, erwidert meinen eigenen wie ein Spiegel.

Inventar, Nr. 7.

III.

Himmel und Erde

EINEM Piloten, der über die Stadt fliegt, oder einem Engel, der an diesem Abend von einer Turmspitze hinabblickt, mögen die Lastwagen entlang des Flussufers wie eine aufgefädelte Perlenkette erscheinen oder wie aufgereihte Modellautos in der Spielanordnung eines Kindes.

Für die Raubvögel, die am nächsten Morgen über dem Konvoi kreisen, bieten sich die Überreste der Fahrzeuge und deren Ladung aus Gemälden als weiteres, zu vertilgendes Aas dar.

Früher einmal fuhr ein anderer Laster tief in die unterirdischen Kanäle eines Außenbezirks ein. Genau hier, in der feuchten Dunkelheit unter der Oberfläche, entdeckt Major NATALJA SOKOLOWA, dass die *Sixtina* die Bombardierungen überlebt hat. Die Sieger packen sie in einen Güterwaggon und nehmen sie als Kriegstrophäe mit nach Hause gen Osten. Denn so wie IDA BAUER, die nach Westen getrieben wurde, hat auch die *Sixtina* mehrere Namen, deren flüchtige Rollen sie versiert beherrscht.

Nachdem sich dieses Karthago aus den Ruinen erhoben hatte, kehrte die Sixtina in einem Sonderzug zurück, um nun die Rolle zu spielen, die ihr Papst JULIUS II. einst zugedacht hatte: *Madonna Della Vittoria.*

Es ist fast zweihundert Jahre her, dass sich die Rolle des Gemäldes vom Altarbild in Piacenza veränderte;

hin zum kulturellen Ornament innerhalb der Besitztümer von FRIEDRICH AUGUST II., Kurfürst von Sachsen, auch bekannt als AUGUST III., König von Polen.

In der Siegesmadonna vereinigen sich ihre beiden Rollen zum Duett: Der triumphale Kulturschatz wird wieder zu einem Bild der Erlösung, neu ausgestattet mit den Grundsätzen von Selbstaufopferung und loyalem Glauben an eine höhere Macht; das allgemeine Wohl.

Für diese Rückkehr stellt sie die Heldenhafte Mutter des Volkes und Staatliche Repräsentantin dar, verbunden mit der Botschaft, dass der Neue Staat Erlösung bedeutet, genauso wie Gott und der Heilige Vater. Der Staat ist das Gute, das über das Böse triumphiert hat.

Inventar, Nr. 84. 76. 64. 57. 54. 43. 39. 38. 37. 36. 35. 27. 6.

IV.

Vermitteln

RAFFAELS Gemälde wird nicht erwähnt, in dem wohlbekannten Aufsatz *Das Kunstwerk im Zeitalter seiner technischen Reproduzierbarkeit,* worin WALTER BENJAMIN den Funktionswandel der Kunst untersucht, nachdem Technologie die einzigartige Erfahrung durch massenhaft hergestellte Reproduktionen ersetzt hat, die unabhängig vom Original frei zirkulieren.

BENJAMIN legt nahe, dass der Wert eines Kunstwerks als Kultobjekt nicht nur durch seine Einzigartigkeit bestimmt wird, sondern ebenso von dessen Bindung an einen ritualisierten Ort. Wird ein Kunstwerk zu einem beweglichen, ortsunabhängigen Gegenstand, dann verkommt sein kultischer Gebrauchswert zum profanen, wir könnten sagen: banalen, Gebrauchswert einer Ware. In einer Fußnote des Essays allerdings dient RAFFAELS Gemälde für BENJAMIN als Beispiel dafür, wie die Entfernung eines traditionellen Kunstwerks von seinem ursprünglichen Ort weniger dessen Stellung verändert, sondern vielmehr eine fortwährende Schwingung zwischen zwei scheinbar gegensätzlichen Zuständen verursacht: kein fester Status, vielmehr ein Fließen, weder das eine noch das andere, weder heilig noch profan, weder alt noch neu.

BENJAMINS Fußnote lenkt die Aufmerksamkeit auf die kunsthistorische Frage nach der Position der Zwillingsengel innerhalb der Komposition. Das Bild außerhalb seines ursprünglichen Zusammenhangs betrachtend, nach dessen Ankunft in dem Museum, wo IDA, ich selbst und zahllose andere *in Verzückung* geraten, fragt der Historiker HUBERT GRIMME:

Was soll die Holzleiste im Vordergrunde des Bildes, auf die sich die beiden Putten stützen?

GRIMMES Untersuchungen ergaben, dass das Gemälde als Grabmadonna beauftragt worden war und dass jedes Detail der Komposition RAFFAELS Augenmerk auf dieses Thema spiegelt. Das Gemälde war in einer Nische über dem Sarg von Papst JULIUS II. angebracht. Die zwei geflügelten Knaben scheinen, so wie es laut dem Buch Exodus die Cherubim auf der Bundeslade taten, auf dem Sarg zu ruhen. GRIMME meint, dass die zwei geflügelten Knaben eine Dualität verkörpern; einen Moment, in dem Himmel und Erde zusammenkommen.

Die zwei geflügelten Knaben oder Cherubim oder Cupiden, wie es HARRY ZOHN vorzugsweise übersetzt, sind das Bild, in welchem das Heilige und das Profane als Dopplungen im Moment des Todes aufeinandertreffen. Wie NARZISS sinken sie in ihre wechselseitige Spiegelung hinein. Der himmlische Schleier über dem Sarg, der Tempelvorhang über der Lade, öffnet sich. Die Madonna, die Vermittlerin, tritt in einem Niemandsland auf, das weder Himmel noch Erde ist, weder dieser Ort noch jener, keine andere Zeit als die Gegenwart ist, um sich mit der Seele des Toten zu verbinden. Liebe im Tod und jenseits davon, immerwährend.

Bedauerlich für RAFFAEL, gemäß BENJAMINS Fußnote, erließ der Heilige Stuhl nach der Beerdigung eine Anordnung, die es verbot, Gemälde, die für Bestattungsrituale verwendet worden waren, über Hochaltären anzubringen, den herausragenden Ausstellungsorten jener Zeit. Nach einigen Verhandlungen sandte der Heilige Stuhl das entwertete Gemälde ins Exil und löste damit dessen ungewisse kulturelle Zukunft aus. In eine abgelegene Kirche in Piacenza verbracht, wo es weniger Menschen sehen würden und ketzerische Frevel eher unwahrscheinlich waren, bewahrte das Bildnis mit seiner gebräuchlichen Bezeichnung dennoch eine Spur seiner Herkunft: *die Sixtinische Madonna*.

Inventar, Nr. 65. 7. 3.

V.

Passieren

FREUD berichtet, dass die Ursache der Verzückung von IDA BAUER, der Heranwachsenden, die vor der *Sixtina* steht, ebenso unbeweglich wie jene, von der sie fasziniert ist, in lesbischem Begehren liegt. IDAS Erlebnis entzieht sich der Verständigung. Wird sie gefragt, so *wusste sie nichts Klares zu antworten,* das ihre Entrückung erklärte. FREUD, dieser Entschlüssler enigmatischer Träume, bleibt auf Abstand. Er lässt das Ungesagte passieren. Erst als ihre Beziehung abgebrochen ist, als IDA ihn verlassen hat, wagt er sich an eine Analyse des Unaussprechlichen. Und er tut dies im Subtext, in einer Fußnote zur Fallgeschichte, die er als ein *Bruchstück* publiziert, als etwas Fragmentarisches, als *Bruchstück einer Hysterie-Analyse* [,Dora'].

FREUD hatte das Gemälde ein paar Jahre zuvor auch gesehen und war selbst ganz von der jungen Madonna eingenommen. Sein Eindruck von ihr war der eines Mädchens, *man möchte ihr sechzehn Jahre geben, schaut so frisch und unschuldig in die Welt hinein, halb gegen meinen Willen drängte sich mir auf, sie sei ein reizendes, Sympathie erweckendes Kindermädchen, nicht aus der Himmelswelt, sondern aus der unsrigen.*

Ein Kindermädchen, vielleicht nicht unähnlich dieser *,Dora'*, deren Namen er ausleiht, um IDAS Identität zu verschleiern, nicht wissend, dass auch dieser Name nur ein Behelfsname war, den ihre Arbeitgeber anstelle von ROSA verwendeten.

Das Mädchen auf dem Gemälde, in ihrem roten Kleid, könnte auf ihn auch wie eine Art Mädchen aus der Unterschicht oder bäuerlich gewirkt haben, das ihre Dienste auf Bestellung anbietet. Eine Magd, die, wie ihr Name oder wie ein Gemälde einfach von einem Arbeitgeber, einem Besitzer, einem Mann an einen anderen übergehen kann.

Vermutlich liegt darin mehr als nur eine Anzüglichkeit, die sich nicht zu erkennen gibt. Die Intensität des Blicks zwischen den beiden Mädchen schließt alle anderen aus, und insbesondere FREUD. Sollte IDAS Fixierung auf die Madonna, die sie *in Verzückung* versetzt, das Verlangen nach einer Mutter sein, die sie mit ihrer unendlichen Liebe schützend umfängt und all ihre Leiden kuriert, dann steht FREUD vor einem Dilemma: Wie kann er sie behandeln oder, in jeglicher Hinsicht, halten? Kann er es riskieren, sein Einfühlungsvermögen über die Grenzen des Geschlechts hinaus auszudehnen; so etwas wie eine Mutter oder eine Geburtshelferin für IDA zu werden, anstelle lediglich eines Vaters und Arztes? FREUD scheitert und IDA verlässt ihn. Wenn eine Beziehung scheitert, wenn sich eine Frau von einem Mann abwendet, dann ist es nicht ungewöhnlich, dass er Trost sucht, sich seiner Männlichkeit versichert, in der Idee, dass sie, nicht er, bisexuelle, wenn nicht gar homosexuelle Neigungen hegt.

Oder vielleicht kann FREUD IDAS Blick nur als seinem eigenen ähnlich verstehen, nur in ihren Augen einen Spiegel der eigenen unterdrückten Wünsche sehen. Voll Liebe, aus der Ferne schreibt er an seine künftige Braut MARTHA BERNAYS: *Du kennst sie gewiß, die Sixtina. Mein Gedanke, als ich da saß, war, oh, wenn Du mit mir wärest. ... Ein Schönheitszauber geht von dem Bild aus, dem man sich nicht entziehen kann ...*

Allerdings, wie MICHAEL BILLIG dargelegt hat, wären die Reaktionen des Arztes wie auch der Patientin womöglich erstarrt, infolge des durch das Madonnenbild ausgelösten Zauberbanns einer Christlichkeit, mit deren dominanter Haltung sich alle beide recht unwohl gefühlt haben dürften. Doch ist dies, wie FREUD erkennt, nicht die Mutter Gottes. Wir wissen nicht, wer sie ist oder woher sie kam. Ebenso wie ROSA eine jener armen Leute ist, *die,* wie FREUD schreibt, *nicht einmal ihren Namen beibehalten können,* ist auch das Modell ein namenloses Mädchen. Und sie ist genauso sprachlos wie die Ida-Rosa-Dora-Konstellation, die FREUD in seiner Fallbeschreibung konstruiert: ein Modell der Psychoanalyse.

Die Madonna, so notiert FREUD, *ist offenbar Dora selber.*

IDA, so wie das Mädchen auf dem Gemälde, wird auf ihren Platz verwiesen. Auch IDA ist in einem Bild gefangen, nicht nur wegen der unsäglichen Familienverhältnisse, in denen sie von Erwachsenen hin- und hergereicht wird, von ihnen ge- und missbraucht, sondern ebenso von den ideologischen Schranken ihrer Klasse, ihres Geschlechts, ihrer ethnischen Zugehörigkeit und Religion.

Inventar, Nr. 85. 84. 75. 62. 34. 30.

VI.

Und hinübergehen

DER Tagtraum, in dem die Madonna IDA festhält, erweckt ihre Fähigkeit, noch viel mehr als nur den Prozess der Analyse aufzubrechen. Viel mehr als FREUD heilen kann. FREUD hebt seine Interpretation von IDAS Besuch als Fremde in der Stadt und im Museum, wo sie die *Sixtina* sieht, mit dem sogenannten zweiten Traum wieder auf, in dem ein Dienstmädchen die Tür *für sie öffnet.*

In seiner Fußnote spielt FREUD auf etwas anderes an, das aus zweierlei Gründen nicht ausgesprochen werden darf. Um IDAS Identität zu bewahren, kann FREUD im Text nicht offen darauf hinweisen, und es scheint ihm, als hätte IDA es vergessen, wenn sie davon träumt, an einem Ort, an dem niemand sie kennt, einem Fremden zu begegnen. Ihr Vater ist wie JULIUS, über dessen Sarg die Madonna schwebte, gestorben. Das Nahen der Madonna ist in einem Moment festgehalten, der dem in IDAS Traum gleicht, in dem sie weder kommt noch geht. Der Traum endet mit dem Wort *Friedhof.* Die Andeutung eines Begräbnisses ruft den rituellen Anlass des Gemäldes in Erinnerung, der den Wechsel vom Leben in den Tod würdigt, vom Sein ins Nichts: eine Rückkehr dorthin, woher wir kamen. Als Reaktion auf eine Nachricht ihrer Mutter, trug IDAS Traum sie zurück in das Heim einer Familie, verlassen und anonym: in eine neue Bindung. Denn jene Sache, die sie im Traum vergessen hat, jenes *Zweideutige und Unanständige*, das für Freud Angst signalisiert, ist Idas väterlicher, der Nachname.

Der Familienname ihres Vaters, Bauer, verrät die kulturelle Herkunft ihrer bürgerlichen Familie aus osteuropäischen Dörfern, die diese, ebenso wie Freud, hinter sich gelassen hat und zu der sie Abstand wahren: die Welt des nicht assimilierten Judentums, das Ghetto. Freud ist kein Übermensch. Wie ein guter Vater muss er alles ihm Mögliche versuchen, um Ida nicht nur auf dem Weg von ihrer unruhigen Jugend in eine geschlechtskonforme Reife beizustehen, sondern ihr auch zu helfen, in einer Gesellschaft nicht aufzufallen, die sie beide bereits als ein von der Norm abweichendes Volk behandelt.

Genau wie die ursprüngliche Identität des Bauernmädchens in Vergessenheit gerät, als sie zu Raffaels Madonna wird, so soll auch dieses *Zweideutige* an Idas sexueller und kultureller Identität vergessen werden, in ihrem Ringen um ein Dasein als Vatertöchterchen aus der Mittelklasse: Freuds *Dora.*

Aber er kann weder sie noch sich selbst retten.

Als ein Kind, das von den Erwachsenen bereits betrogen und getäuscht wurde, lässt sie sich nicht erklären, was gut für sie ist. Sie ist widerspenstig. Sie erfindet Dinge, reißt aus. Er sagt, sie behandele ihn, *als wäre er das Dienstmädchen.* Sie provoziert in Freud nicht nur Ängste bezüglich seiner eigenen kulturellen Stellung als Jude und Arzt, sondern auch jene Furcht, die, folgt man seiner eigenen Theorie zum Kastrationskomplex, alle Männer verletzlich macht, wenn Frauen ihnen eine Szene machen. Die Furcht, dass auch er, wie sie, *ein zerbrochenes Ding* werden könnte.

Unterdessen ist der einzige Mann, für den sie überhaupt Respekt empfindet, ihr Bruder Otto Bauer, ein Sozialist.

Inventar, Nr. 78. 75. 62. 34.

VII.

Nur ein Dazwischen

JEDER von uns kämpft sich, mehr oder weniger, seit der Kindheit durch einen Reifungsprozess, der sich während der Adoleszenz, mehr oder weniger, zu einer bestimmten sexuellen Orientierung verfestigt. Wenn nun für jeden von uns in der zwiespältigen Zeit des Säuglingsalters die Mutter die erste Liebe ist, dann muss sich doch beim Aufwachsen diese leidenschaftliche Liebe von ihrem Ursprungsort trennen, muss sich aus der ersten Umarmung zugunsten einer anderen lösen. Von Mädchen verlangt die heterosexuelle Entwicklung eine zweifache Ablösung. Allerdings bewahren Körper und Sein einer Person, die ihre Liebe auf etwas anderes überträgt, die Ahnung vom Ursprung der Liebe, dessen gebräuchlichste Benennung: Frau.

Festgehalten in einem Bild, führt uns der Blick des Mädchens in dem Gemälde, der Vermittlerin, zurück in den Schwebezustand zwischen einem Ort und einem anderen; weder verankert noch ortlos, weder hier noch da, weder geliebt noch ungeliebt. Vermutlich ist es die Darstellung ihrer nicht abgeschlossenen Reise, eines Daseins ohne Ende, die uns derart fesselt; Abreise ohne Unterkunft, Liebe ohne Klassifizierung, ohne ödipale oder Erbsünde. Eine Verflüchtigung, die sich in dem beständigen Jetzt ihres Anblicks vollzieht. Ihr jugendliches Aussehen erinnert uns in einem Augenblick von transgeschlechtlichem und überzeitlichem Erkennen daran, wie es ist, sich in einem Zustand zu befinden, der nicht nur zwischen festen Polen zu oszillieren, sondern auch den Raum dazwischen mit Widerstand zu füllen vermag.

Ihr Körper ist gespannt, leicht gedreht, ihre bloßen Füße im Schwebezustand. Sie steht am Rande eines erotischen Ausbruchs, in einem Noch-nicht und Kurz-davor.

Zum Aufbruch entschlossen, das Ziel unbekannt, wir könnten sagen, dass sich dieses junge Mädchen im Zustand einer permanenten Revolution befindet.

Inventar, Nr. 20. 7.

VIII.

Weder das eine noch das andere

EIN Jahr bevor die Mauer gebaut wurde, besuchte ein amerikanischer Kunstsammler, HARRY TORCZYNER, die Kunstsammlungen in Leningrad und Moskau. Die *Sixtina* war erst kürzlich von dort verschwunden. Auf seinem Rückweg besuchte er MAGRITTE. Nach einer Diskussion darüber, was damals in Europa noch als amerikanische Malerei des *Tachismus* bezeichnet wurde, wofür MAGRITTE keine hohe Wertschätzung aufbrachte, forderte HARRY TORCZYNER ihn heraus, er solle ein völlig weißes Bild malen.

MAGRITTE war Mitglied der Kommunistischen Partei und wie andere Surrealisten ein Bewunderer von LEWIS CARROLL.

Ein hoher Rosenstock stand nah' dem Eingang zum Garten: die Rosen, die daran wuchsen, waren weiß, aber drei Gärtner waren dabei, sie geschäftig rot anzustreichen. Alice hielt das für eine sehr merkwürdige Sache … „Würdet ihr mir bitte verraten“, sprach Alice, … „warum ihr die Rosen dort anstreicht?“ … Zwei begann mit leiser Stimme: „Um die Wahrheit zu sagen, Miss, die Sache ist die, dies hier hätte ein roter Rosenstock sein sollen, und wir vertaten uns und pflanzten einen weißen ein; und wenn die Königin das heraus bekommen sollte, würden uns allen die Köpfe abgehauen …

MAGRITTE hatte die feste Gewohnheit, seine Freunde um Ideen für Gemälde zu ersuchen und, wenn diese vollendet waren, einen Freund oder Kollegen einzuladen, um den Titel des Gemäldes zu *finden*; den Namen, unter dem es bekannt werden würde. MAGRITTE nahm den Auftrag an. Sein völlig weißes Gemälde, *Das Grab der Ringer*, das sich noch immer in TORCZYNERS Privatsammlung in New York befindet, stellt eine riesig anschwellende sich rötende Rose dar, die aus einem bürgerlichen Innenraum heraus explodiert.

Inventar, Nr. 43. 10. 9. 1.

IX.

Das Kurz-davor

DIE Berge von kunsthistorischen Kommentaren, Spekulationen und Debatten über die *Sixtina* wachsen ebenso gen Himmel, wie die psychoanalytischen über FREUDS *Dora* und IDAS Erfahrungen mit dem Gemälde.

Aber vor allen Kommentaren, Verweisen und Analysen kommt erst etwas anderes. Die *Sixtina* ist ein Gemälde. Es ist mehr als die Summe seiner Interpreten, seiner Reisegefährten, deren Meinungen meist schon lange vergessen sind. Bevor wir das Kunstwerk in seine Fragmente zerlegen, es als Diskurs reproduzieren, uns den Kopf über seine Ursprünge und Vorbilder zerbrechen und fragen: *Was bedeuten die Vorhänge? Ist das der heilige Sixtus oder Julius? Warum sind dort geflügelte Knaben? Was bedeutet ihr Blick?* Im Vorfeld von alledem verdient das Gemälde als Kunstwerk, schon in Anbetracht seiner Beständigkeit über die Zeiten hinweg, ja, fordert es Beachtung als Kunstwerk. Als ein Etwas, das in einem anderen Kommunikationssystem als dem der gesprochenen oder geschriebenen Sprache funktioniert, und dies absichtsvoll. Ein System, könnten wir sagen, das sich mit dem Hier und Jetzt vor der Sprache befasst, so wie sich der Textdiskurs mit dem Zustand danach auseinandersetzt. Bevor wir sprechen, erfahren wir. Wie FREUD versuchen wir erst im Nachhinein das Unsagbare zu übersetzen, es zu entschlüsseln, als wäre es ein Code, es in Sprache zu fassen; wie eine bloße Fußnote des Vorangegangenen, eine Erklärung für bereits erfolgte Zuschreibungen.

Wie nun funktioniert dieses Kunstwerk? Worin besteht dieses Kurz-davor, ausgelöst durch das Gemälde; dieses Innehalten in unserer allerersten Erfahrung, die wir sogar zurückholen können? Wir könnten genauso fragen: Was bleibt übrig, wenn alles andere aufgeschlüsselt worden ist? Was ist es, in der Fülle, in der Dichte dieser Darstellung, das die nicht mitteilbare Erfahrung verursacht? Vielleicht gibt es in dem Gemälde etwas, das gar keine Darstellung ist; überhaupt kein Nach-etwas-anderem, sondern etwas durch die Organisation des Bildes Entstandenes, durch die Anwesenheit eines Betrachters aktiviert und sich dessen Hier und Jetzt öffnend. Ein namenloses Ding, eine Transparenz innerhalb der Komposition, dem Betrachter gestattend, sich in die Bildkonstellation hineinzubegeben, vom realen in den imaginären Raum zu wechseln: entrückt zu werden. Und in diesem Augenblick, dessen einzige Zeit die Gegenwart ist und immer noch jenseits der Sprache, da ereignet sich eine seltsame, dennoch vertraute Kommunikation zwischen Bild und Betrachter, eine Erfahrung des Erkennens und Erkanntwerdens zugleich.

In der Komposition des Gemäldes zirkulieren endlos Dopplungen: der geteilte Vorhang, zwei Heilige, zwei Engel, zwei Sphären. Nur das Duo aus Madonna und Kind wird als Einzelfigur gezeigt. Ihre Dopplung ist der Betrachter. Wir sind das verlorene Puzzleteil, das noch Ungekannte, auf dessen flüchtige Anwesenheit die Konstruktion des Malers wartet.

Inventar, Nr. 84. 66. 65.

X.

Durch den Spiegel

IM Spiegel, der RAFFAELS *Sixtina* ist, reflektiert jede Form, jede Anspielung eine andere. Die Gestalt der Madonna verankert die vertikale Achse des Gemäldes, gleich einem Scharnier, durch das die Tür dieser Spiegelwelt aufschwingt. Sie ist *das Dienstmädchen, das öffnet.*

Dennoch ist das keine symmetrische Wiederholung des Gleichen. Es ist eine Symmetrie des Gleichen in seiner Veränderung, des einen und des anderen: zwei Vorhänge, aber ein wenig anders drapiert, ein Schleier aus Engelsköpfchen oben, unten Gewölk, doppelte, jedoch nicht identische Cherubim. Zwei Heilige, eine weibliche, ein männlicher, sind zur Rechten und zur Linken der Madonna angeordnet, gleichwertig entlang der Horizontale, die eine räumliche Grenze zwischen Himmel und Erde nahelegt. Der männliche Schutzpatron besitzt zwei Identitäten. Ein Porträt des verstorbenen JULIUS verkörpert den HEILIGEN SIXTUS, den geliebten Onkel, seinerseits ein Verehrer der Madonna. Die HEILIGE BARBARA blickt hinab auf den unsichtbaren Sarg, die Ankunft der unsichtbaren Seele erwartend, für welche die gesamte Szene des Gemäldes erst heraufbeschworen wurde. SIXTUS-JULIUS blickt wie ein ehrenvoller Diener zur Madonna auf, seine Hand empfehlend erhoben, wie um ihren steten Blick auf jenen des nicht sichtbaren Ankömmlings zu lenken.

Wir, die Betrachterinnen, IDA und ich, sind dieser unsichtbare Jemand. Wir wechseln hinüber in den durchlässigen Raum, den uns die Komposition bereitet hat. Ganz wie es von uns erwartet wurde.

Es war zu erwarten, dass die Sprache in diesem Moment sterben würde. Für einen Augenblick sind wir nicht nur darin vertieft, die Komposition des Bildes zu vollenden, sondern auch dessen Bestimmung. Wenn wir dem Blick der Madonna begegnen, der Tür, die sich *öffnet,* wechseln wir sofort in eine andere Zeit, an einen anderen Ort. Wir werden zu jenem Unsichtbaren, das Bewusstsein setzt aus. Körperlos erfahren wir das Unbekannte, die Zeitlosigkeit. Im Rausch dieses Moments empfinden wir sowohl den Hauch der ersten Liebe als auch ein Vorgefühl der allerletzten.

Wir sterben ein wenig. Dann ereignet sich ein kleines Wunder. Wir holen tief Luft und gehen weiter.

Freud stand auch in diesem Raum. Auch er war gebannt. Wie bei Ida, wenn auch anders formuliert, bestand seine einzige notierte Erinnerung an das Gemälde in der Madonna. So als bliebe das ausgeklügelte Szenario der Komposition unbemerkt oder wäre vergessen. Genau, wie es beabsichtigt war. Denn wie Benjamin, in Hinsicht auf den Film, in seinem Kunstwerk-Aufsatz erläutert, ist es eine Erfahrung ohne Kunstgriffe, die man *vom Kunstwerk zu fordern berechtigt ist.*

Wie in einem Traum entzieht sich das Merkwürdige der Formulierung, unmittelbar danach, wenn sich die Sprache um eine Beschreibung des Erlebten bemüht. Was nicht in Worte gefasst werden kann, nennen wir Vergessen. Doch bleibt es stets präsent, als kristallin verdichteter Eindruck dessen, was wir nur als Mysterium bezeichnen können; ein Bild.

Inventar, Nr. 85. 7. 3.

XI.

Hier, da und überall

IM Verlaufe des Flitterjahrs, das dem Fall der Mauer und dem Fallen des Ostens in die Arme des Westens folgt, finanziert ein japanisches Unternehmen die Restaurierung der *Sixtina*. Farbsatte Diapositive des restaurierten Gemäldes, verwertbares Eigentum der japanischen Firma, kommen mit Hilfe eines Schweizer Lizenzhalters auf den Markt, werden von weiteren internationalen Unternehmen erworben, die Geschäfte mit der massenhaften Reproduktion von Bildern als Konsumartikel machen: Glückwunschkarten, Plakate, Duftsäckchen, Keksdosen, Kaffeebecher, Schmuckbriefmarken, Werbung, Kalender, Softpornos.

Allerdings gelingt es nur einem Detail des Gemäldes, die vor langer Zeit begonnene Reise vom Heiligen zum Profanen zu vollenden. Das Motiv der geflügelten Knaben, dessen Platzierung HUBERT GRIMME so faszinierte, verschlägt es auf den internationalen Markt, wodurch es nicht nur zu einem bodenlos banalen Bild wird, sondern auch als Fragment, *als abgebrochenes Ding*, die Bedeutung seiner Herkunft verdrängt. Durch die Vervielfältigung wird das Teilstück zum ganzen Bild. Der künstlerische oder väterliche Hinweis auf seinen Ursprung, RAFFAELS *Sixtina*, ist vergessen wie IDAS Familienname in ihrem Traum. Das Gemälde, wenn nicht gar die Madonna selbst, verliert das Haupt. Namen- und gesichtslos wird der Körper, so könnten wir sagen, als mütterlicher Ort des gesamten Gemäldes zerlegt.

Über dieses Bildfragment, das Waisenkind *eines spektakulär geschändeten Werkes* schrieb HENRY PORTER vier Jahre später: *Es führt nicht zu weit, zu sagen, dass die Engel, jedenfalls bislang, die Universalkinder einer weißen Welt darstellen, entzückend knuffig und hübsch arisch – ein veritables Bürgervergnügen* und *in jeder nur vorstellbaren Weise missbraucht.*

Das Fragment, *das Bruchstück,* ersetzt und signalisiert gleichzeitig den Verlust der Erfahrung, deren Verschwinden aus dem gesellschaftlichen Bewusstsein BENJAMIN als unausweichliches Resultat einer Ära voraussagte, in der die kapitalistische Massenproduktion überhandnimmt.

In den vielfältigen Funktionen, in denen die geflügelten Knaben verwendet werden, ob das den Konsumenten nun bewusst ist oder nicht, verkörpern sie, wie im Bild selbst und zusätzlich zu den persönlichen Zuschreibungen ihrer Nutzer, ein wichtiges Moment der Dualität. Immer aufs Neue wiederholen sie das Abbild jenes Moments am Totenbett des Sowjetkommunismus, an dem sich zwei widerstreitende Ideologien in einer Paarbeziehung der Ungleichheit vereinigen.

Gleich dem NARZISS fallen der Osten und der Westen hinein in die Reflektion ihres dinglichen Begehrens füreinander. Aber da öffnet sich kein Himmelszelt über den verwesenden Überresten dieses Leichnams. An den westlichen Gestaden erscheint keine erlösende Arche, um diejenigen, die den freien Markt gewählt haben, vor seinen Fluten zu bewahren. Die barfüßige Madonna, auch bekannt als Madonna der Demut, der Barmherzigkeit, die traditionelle Beschützerin der Armen und Schwachen, sie verschwindet, zusammen mit der Liebe zum Nächsten. In Ländern, die weder hier noch dort angekommen sind, wird keine Vermittlerin die Tür zur sicheren Passage in einen westlichen Himmel auf Erden öffnen, für all jene, die sich danach sehnen. Viele bleiben zurück, als Verbannte in Unterwelten, in denen sich die Zeit wie in einem Albtraum zurück ins Chaos zu drehen scheint.

Die geflügelten Knaben fliegen weiter, hinein in eine endlose Massenfertigung. Nicht nur als Trophäen des Sieges, sondern als Zeichen für die unablässige Demütigung der Unterlegenen. Als das westliche Wirtschaftssystem im Osten Fuß fasst, werden die zwei Knaben getrennt reproduziert, aufgeteilt wie Kriegsbeute, für jene Verbraucher, die den einen gegenüber dem anderen bevorzugen oder sich mit ihm identifizieren. In den Zeiten des Übergangs parodieren viele Konsumenten unbewusst die Komposition des abwesenden Gemäldes: Sie hängen sich die selbst errungenen *Preisbilder* mit den geflügelten Knaben *in ihr Schlafzimmer*, über den häuslichen Schauplatz von Liebe, Sex und Tod.

Inventar, Nr. 87. 86. 73. 72. 68. 63. 56. 55. 53. 52. 51. 50. 48. 47. 46. 44. 42. 41. 40. 33. 32. 31. 29. 28. 18. 17. 16. 15. 14. 8.

XII.

Das Maß der Dinge

ANGESICHTS des gesamten Gemäldeaufbaus und weil RAFFAELS komplexes Projekt seinen Sinn als Kunstwerk nicht nur durch unseren Blick erfüllt, sondern anscheinend von unserer Anwesenheit davor abhängt, könnten wir sagen, dass, genau wie sich das Erlebnis des Werkes nicht sprachlich fassen lässt, im Rätsel dieses Bildes etwas wirkt, das sich ebenso den Reproduktionstechniken widersetzt.

Wie beim Abbruch der Beziehung zwischen FREUD und IDA, geht es hierbei wohl nicht um einen einfachen Fall von Zurückweisung, sondern mehr um fehlende Anerkennung: um die Unmöglichkeit, einen Ausgleich zwischen den unterschiedlichen Systemen von Wahrnehmung und Ausdruck herzustellen. Das System, innerhalb dessen das Gemälde Kommunikation erzeugt, ist anders aufgebaut als die Ordnung der Dinge, und es dient einem anderen Zweck als jene Systeme, die massenhaft verkäufliche Objekte herstellen. Denn: *Die Aura einer Erscheinung erfahren, heißt, sie mit dem Vermögen zu belehnen, den Blick aufzuschlagen.*

Das Gemälde erwartet uns als sein fehlendes Teil, so wie wir sind, sollen wir kommen, in menschlichem Maß. Kaufen wir die Postkarte, den Kaffeebecher, den Anstecker, dann dominiert unser Blick das verkleinerte Fragment. Durch diese Vereinnahmung verliert es die Kraft, zu uns zu sprechen oder den Blick zu erwidern.

Wir befinden uns nicht mehr in einem Austausch wie zwischen Gleichberechtigten, sondern in einem, bei dem uns der Warenerwerb scheinbar die Macht über den stummen Gegenstand unserer Wahl verleiht. Und wie in einem Spiegel kehrt sich das Verhältnis zwischen uns und dem Gemälde um. Das einstmals machtvolle Ritualobjekt schrumpft zur Bedeutungslosigkeit, ist gebannt; während wir, die Verbraucher, ähnlich wie *Alice* oder Magrittes Rose zu Riesen geworden sind.

Hier sind zwei verschiedenartige Sprachsysteme von Intention, Repräsentation und Macht am Werk. Zwischen den beiden ruht die Verständigung, sie ist beim Übersetzen auf der Strecke geblieben. Die Sprache des Gemäldes zielt auf die Wiedergabe einer Erfahrung, die Sprache der Massenfertigung dient der Erzeugung und Befriedigung des Bedürfnisses nach Objekten, die wir anscheinend vermissen. Sind wir es, die in der Begegnung mit dem Gemälde dessen Sehnsucht nach uns erfüllen, dann begehren wir selbst nichts, wenn wir in den Raum eines gegenseitigen Austauschs mit dem Objekt eintreten. Was ein solches Erlebnis in uns zu bewegen vermag, wie wir das indirekte Ereignis dieser unaussprechlichen Verbindung gleichzeitig erinnern und vergessen können, genau darin besteht die Verweigerung von und die Unbrauchbarkeit für eine ökonomische und seelische Struktur, die nicht nur alle möglichen Bedürfnisse hervorbringt, sondern gegenüber dem Objekt, wer oder was dieses auch immer sei, Herrschaftsmuster fortschreibt.

Inventar, Nr. 11. 3.

XIII.

Die Schöne und das Biest

OFFENSICHTLICH ist der Absatzmarkt für Reproduktionen des gesamten Gemäldes eher begrenzt, schließlich ist Religion aus der Mode gekommen. Selbst wenn wir die eine oder andere ausüben sollten, dann betrachten wir die Bilderverehrung wahrscheinlich als Angelegenheit von Fanatikern oder von Alten, sehr Armen oder Unwissenden.

Und doch scheint es, als eigne sich das schöne Antlitz des jungen Mädchens, das bei so vielen einen unvergesslichen Eindruck hinterlassen hat, hervorragend als Motiv für die Massenproduktion innerhalb eines Systems, dessen primäre Vermarktungsmaßnahme noch immer im Einsatz von Frauenbildern besteht. Vielleicht würde die Abbildung eines dunkeläugigen Mädchens, dessen Kleidungsstil mehr an Gypsies, den Mittleren Osten oder Asien, an Obdachlose oder Geflüchtete erinnert, in den schicken Häusern von London, Berlin, Paris und New York deplatziert wirken.

Und dann ist da noch dieser kaum greifbare Blick von an Verwegenheit grenzendem Eigensinn, den wir, ebenso wie ihre Herkunft, nicht ganz einordnen können. Unsere Erwartung an dieses Bild ist weder leicht zu identifizieren noch zu befriedigen. Wir ahnen dunkel, dass dieser unbequeme Gegenstand unserer Betrachtung etwas von uns will. Oder uns vage an etwas erinnert, über das wir nicht nachdenken möchten oder, falls wir

Zeit zum Nachdenken fänden, lieber meiden würden. Das unangenehme Gefühl einer Veränderung beraubt uns der Geistesgegenwart; ein unerwarteter Besucher, eine Krankheit oder ein Unfall, der die Ordnung unseres Lebens jäh unterbricht. Hinter dem Abstand, den wir zu *etwas Zweideutigem* einhalten, verbirgt sich die wohlgehütete Furcht, von irgendetwas oder irgendjemandem, bekannt oder unbekannt, ob durch Liebe oder Gewalt, überwältigt zu werden.

Manchmal überwältigt uns Liebe, dann wieder Gewalt, aber hauptsächlich werden wir von einer Ökonomie überwältigt, deren Überproduktion sowohl Objekte als auch Verhaltensweisen betrifft. Verdrängt ist die Erinnerung an eine Zeit, in der wir noch gewusst haben mochten, wie wir mit *etwas Zweideutigem* umzugehen hatten. Ihr Verlust hat sich in endlose Begehren verwandelt, in die Entfremdung von Sehnsüchten und in ein künstliches Gefühl von erworbener Zugehörigkeit: in eine Hilflosigkeit, die wir nur noch in jenen Augenblicken erkennen können, in denen wir plötzlich wieder den Halt verlieren. In Situationen, in denen uns die Kontrolle zu entgleiten droht, wenn wir alles Erdenkliche anstellen, um sie nicht endgültig zu verlieren, dann konsumieren, manipulieren und verteidigen wir geradezu gewalttätig jene Objekte, die wir einigermaßen zu kontrollieren glauben. Als ob wir mit diesen abgebrochenen Stücken einen Zaun um unseren Streifen Brachland ziehen, ihn vor den tödlichen Gefahren der Straße schützen und uns mit diesen Relikten das Paradies vorgaukeln könnten.

Innerhalb dieses Gefüges der Dinge ist all das, was man als unordentlich oder primitiv bezeichnen könnte, säuberlich von jenem getrennt, das als zivilisatorische Errungenschaft des westlichen Alltagslebens gilt. Für jede Form der Abweichung gibt es die passende Institution. Jene von uns, die mit dem normalen Leben klarkommen, verbannen das Potenzial zur Unordnung in den Subtext ihrer Lebensgeschichte, bekannt als das Unbewusste. Auch Dinge, die uns verstören könnten, bewahren wir an einem sicheren Ort auf. Genauso verhält es sich mit dem Abbild dieses Mädchengesichts, das kaum je das kulturelle Unbewusste, das wir Museum nennen, verlässt.

Und doch wird, wie FREUD uns lehrt, das Vergessene, der Subtext, die Unordnung der Subkultur, getrieben von ganz anderen Dringlichkeiten, immer einen Weg finden, unsere Barrieren, unerwartet vielleicht, zu durchbrechen.

Inventar, Nr. 83. 70. 61. 59. 49. 26. 25. 24. 23. 22. 21.

XIV.

Momentaufnahme

DOCH lasst uns nun mit IDA, *Rosa*, dem namenlosen Bauernmädchen, *Alice* und *Zwei*, und WALTER BENJAMIN, HUBERT GRIMME, MAGRITTE, LEWIS CARROLL, RAFFAEL und EDMUND WILSON, die zwar alle schon lange tot sind, zurück zum *Finnländischen Bahnhof* laufen, um jemanden zu treffen. Dampfend fährt ein Zug ein. Könnt Ihr den Kohlenstaub riechen? Die Matrosen von Kronstadt, die Helden der Revolution, sind bereits hier.

Ein Exilant, der WLADIMIR ULJANOW heißt, bekannt unter vielen Namen, kehrt in einem Sonderzug zurück an einen Ort, der sich Petrograd nennt. Mit Schwung und noch im Mantel kommt auch er sofort zur Sache. Jemand überreicht ihm einen Riesenstrauß rote Rosen, mit dem er wenig anzufangen weiß. Die Amtspersonen, die ihn in einem einst dem Zaren vorbehaltenen Raum erwarten, beachtet er nicht und geht nach draußen. Dort nimmt er seinen Melonenhut ab, vermutlich von MAGRITTE bemerkt, hin zur Menge, zu den Matrosen, die seinen Revolutionsnamen rufen: *Lenin.*

Einen langen Augenblick blickt er sie an und sie blicken zu ihm zurück. Die Matrosen salutieren ihm. Überrumpelt erwidert LENIN den Salut.

Liebe Genossen, Soldaten, Matrosen und Arbeiter … verkündet er … *Nicht heute, aber morgen – jeder Tag – kann den allgemeinen Zusammenbruch des europäischen Kapitalismus bringen.*

In diesem Moment erschien *plötzlich*, so beschreibt es SUCHANOW, ein parteiloser Sozialist, *ein strahlendes, blendendes, fremdartiges Licht*, die strahlende Haltung des WLADIMIR ILJITSCH LENIN lässt nicht nur die reaktionären Kräfte versteinern, sondern erstarrt selbst zum Bild. *Lenins Stimme, die direkt aus dem Eisenbahnwagen zu kommen schien, war eine Stimme von außen,* deren Kurs schon bald gestoppt werden würde, reduziert auf eine kontrollierbare, nützliche Rhetorik. Im Verlauf weniger Jahre *schließt sich die Tür*, die LENIN *öffnen wollte,* die Revolution erstarrt zu Stein. Der konservative Parteiapparat simuliert eine revolutionäre Bewegung in Form kollektiver Massenproduktion. Ein anderes System wird nicht geduldet. Die Starrheit des Staates wiederholt sich in der Fertigung und Behandlung seiner Objekte, egal, wen oder was sie darstellen. Wie ein vielköpfiges Ungeheuer bezwingt der Blick von hunderten steingesichtigen LENINS, davon allein vierundneunzig in Leningrad, die Revolution: *hier, da und überall.*

Siebzig Jahre bevor St. Petersburg zu Petrograd wird, sieht FRIEDRICH ENGELS, in einem Brief an KARL MARX, LENINS Schicksal kommen: *Und sowie man als der Repräsentant einer Partei auftritt, wird man in diesen Strudel der unaufhaltsamen Naturnotwendigkeit hereingerissen. Bloß dadurch, daß man sich independent hält, indem man der Sache nach revolutionärer ist als die andern, kann man wenigstens eine Zeitlang seine Selbstständigkeit gegenüber diesem Strudel behalten …*

Der Strudel wirbelt. Oder, wie BENJAMIN Ereignisse bevorzugt beschreibt, der Sturm, *den wir Fortschritt nennen*, weht weiter.

Als Lenin stirbt, werden sowohl er wie auch die Revolution einbalsamiert, für das restliche zwanzigste Jahrhundert, ohne Aussicht auf Erlösung und darauf, in einen anderen Zustand überzugehen. Unbestattet, symbolisch daran gehindert, in eine andere Zeit, an einen anderen Ort zu wechseln, zurückzukehren zu ihren ursprünglichen Idealen, werden beide, er und der revolutionäre Sozialismus, für immer Exponate in einer Altertumssammlung sein. Als sich der Osten wieder mit dem Westen vereint, werden seine Häupter abgerissen wie die Mauer, in Stücke zersplittert wie ein kaputter Spiegel.

In das Mausoleum gesperrt, ob als virtuelle Simulation im Internet oder auf dem Roten Platz, kann dieses Souvenir eines gescheiterten Sozialismus, einer abgeschafften Vergangenheit stets besichtigt werden.

Inventar, Nr. 71. 45. 13. 5.

XV.

Wieder und wieder

NADJESCHDA KONSTANTINOWNA KRUPSKAJA trifft LENIN auf einer Versammlung von Marxisten. In den Untergrund gezwungen, finden sie sich am Faschingsdienstag unter dem Vorwand eines Pfannkuchenfests zusammen. In den Memoiren der KRUPSKAJA, von EDMUND WILSON aufgrund einer Fotografie als jungenhafte Erscheinung beschrieben, finden sich andere Eindrücke von ihrer und LENINS Rückkehr nach Petrograd als bei SUCHANOW und NALBANDIAN, der als Maler auf Führungspersönlichkeiten spezialisiert war.

NADJA erinnert sich an das Einzelne innerhalb der Masse. Sie bringt jene nach vorn, die auf ikonischen Abbildern des Revolutionsführers den Hintergrund füllen. Während LENIN in einem gewaltigen Konvoi vom Bahnhof zum beschlagnahmten Palais der Ballerina mit dem großen Spiegelsaal geleitet wird, fällt Scheinwerferlicht auf das Rot und Gold der Banner, getragen von den einfachen Leuten, die sich entlang des Prozessionsweges drängen. *Niemand*, so berichtet sie, *der die Revolution nicht durchlebt hat, kann ihre große feierliche Schönheit ermessen.*

Doch vielleicht können wir es. Etwa siebzehn Jahre vor der Russischen Revolution, vor mehr als hundert Jahren, gelingt IDA ein solcher Blickwechsel zwischen ihrer eigenen Vergangenheit und der historischen. Wie *Alice* bewegt sie sich durch den Spiegel hindurch in ein anderes Raum-Zeit-Gefüge. Sie schaut einem Bauernmädchen, gemalt vor 500 Jahren, in die Augen und weiß in der Reglosigkeit des Erkennens, trotz offensichtlicher Unterschiede, dass sie ein und dieselbe sind. Nicht als Einheit, sondern zu zweit wissen sie, dass sich ihre gesellschaftliche Zwangslage kaum verändert hat.

In Anbetracht dessen, wie selten sich Frauen – selbst heutzutage – in von Männern verfassten Darstellungen wiedererkennen, so dürfte der Schock, der mit diesem Wiedererkennen einhergehen könnte, kaum überraschen. IDAS Austausch mit dem Mädchen im Gemälde ist von einer solchen Natur, wie es GILLIAN ROSE beschreibt: *Mit dem Konzept eines wiederholten Blickwechsels als Manifestation von Distanz entwirft Benjamin ein Bild von Erkenntnis als einer Wiederholung: die Bestätigung der Beziehung des Anderen zu sich selbst in meiner eigenen Beziehung zu mir selbst.*

Jederzeit, heute und morgen, kann ein Erlebnis wie das von IDA wieder geschehen. Und wieder.

Inventar, Nr. 74. 11. 4.

XVI.

Gefunden in der Zeit

OBWOHL gesagt wird, sie täte es nicht, spricht IDA sehr wohl über ihren Moment der Entrücktheit. Sie ordnet diesem keinen Namen zu, sondern eine Zahl. Sie berichtet, *vor der Sixtina verweilte sie zwei Stunden lang in still träumender Bewunderung*. Sie habe ihre Singularität vergessen und sei zu einer Einheit geworden, aus Zweien; zu Einer, die, als die Waffen des Widerstreits zwischen einer Sache, einer Zeit und einer anderen ruhten, nicht gespalten, sondern vervielfältigt wurde, nicht ungeordnet, sondern geformt.

IDA spricht aus Erschütterung. Aus einer zeitlosen Zeit, deren Dauer keine Uhr messen kann. Natürlich denkt sie sich das aus. Wie in Träumen, wie in der Kunst. Ganz wie sich RAFFAEL, CARROLL, D. M. THOMAS und MAGRITTE, der weder seiner eigenen Zeit *noch einer anderen* zugerechnet werden wollte, etwas ausdenken, so erzählt uns IDA *eine Geschichte*: Mehr im Fluss als im Zustand von kontrastierenden Dingbeziehungen, kann das, was vom Bewusstsein als Verlust verbucht wird, wieder gefunden werden, reproduziert werden aus dem Material der Beständigkeit, dem Nebeneinander von sichtbaren und unsichtbaren Dingen, dem Ausgesprochenen und Unausgesprochenen, aus dem unsere eigene Zeit besteht.

IDA steht reglos, so wie RAFFAELS junges Modell, wer weiß, wie viele Stunden. BENJAMIN beschreibt es in seiner *Kleinen Geschichte der Photographie:* Sowohl die jeweils nötigen Prozesse der frühen daguerreotypischen Porträts wie auch jene der Malerei stellen das Modell vor die Aufgabe, in einer wachsamer Reglosigkeit zu verharren:

Das Verfahren selbst veranlasste die Modelle, nicht aus dem Augenblick heraus, sondern in ihn hinein zu leben; während der langen Dauer dieser Aufnahmen wuchsen sie gleichsam in das Bild hinein und traten so in den entschiedensten Kontrast zu den Erscheinungen auf einer Momentaufnahme …

Sind wir in eine Tätigkeit vertieft, einen Gegenstand, einen Anblick, in einem Erlebnismodus ähnlich Idas undifferenziertem Bewusstseinszustand, dann vergessen wir, wer wir sind. Vertieft in diesen Austausch, verlagert sich unsere Aufmerksamkeit. Wir vergessen den Konflikt zwischen Verständlichkeit und Sinneswahrnehmung, zwischen Geist und Körper, die Macht des Subjekts über das Objekt, die herrschende Ordnung der Dinge. Wir befinden uns wieder in einem vieldeutigen, ungeordneten Kraftfeld der Kommunikation. Für eine gewisse Zeit kehren wir zurück in jenes unbenannte Haus, das Idas Traum als das der Mutter einrichtet.

Keine Zeit des Mangels, sondern eine des Überflusses.

Inventar, Nr. 12. 9. 2. 1.

XVII.

Tagtäglich

BEVOR die *Sixtina* in eine Ansichtskarte zerlegt wird, während MAGRITTE mit dem französischen Strukturalisten MICHEL FOUCAULT korrespondiert, malt DIMITRI NALBANDIAN, verdienter Künstler des sowjetischen Volkes, noch immer stolz die Porträts der Führung; LENIN, STALIN, *alle Mitglieder des Politbüros.*

Als ihn die Journalistin JAMEY GAMBRELL besucht, sind sowohl seine Modelle wie auch sein Stil längst veraltet. Im Atelier steht ein Gemälde, das die *Sixtina* innerhalb einer Museumssituation zeigt. Das noch unfertige Werk enthält auch ein Porträt LENINS. Dabei ist die Komposition so angelegt, als würde ein unsichtbarer Dritter diese Begegnung beobachten, wodurch der Betrachter erneut als Vollender der gemalten Szene erscheint.

LENIN steht auf dem leeren Platz, der für jeden von uns bereitet ist. Sein Körper ist etwas gedreht, er schaut zur Madonna auf, so als ob er kurz verharrte, auf dem Weg woandershin. Genau wie sie, hält er zwar inne, bereit jedoch, sich jederzeit weiterzubewegen. Die Position seiner Hand, wie bei einem Redner am Aufschlag seiner Jacke ruhend, gleicht jener des ehrwürdigen Dieners SIXTUS-JULIUS insofern, als sie dringlich irgendwohin oder auf irgendjemanden am Rande der Komposition weist. Als ob es ein unbekanntes Ziel jenseits des Rahmens und des Museums gäbe sowie eine unbekannte

Gesellschaft von Leuten, mit denen sie zusammen durchbrennen würden.

Als ob er letztendlich erkannt hätte, dass das, was uns an der Darstellung dieser jungen Vagabundin von einem Mädchen, *man möchte ihr sechzehn Jahre geben, nicht aus der Himmelswelt, sondern aus der unsrigen,* so fest *umschlossen* hält, wie sie das Kind in ihren Armen, dass er genau das nicht hat festhalten können. Die fehlenden Puzzleteile für eine dauerhaft gelingende Revolution: die Erzählungen all derer, die stets von außen hineinblicken, von den Rändern der Ikonen, von jenseits der Ansprachen. Derer, die gebrochen sind von der Macht der Herrschenden, die das Gesetz gegen alle möglichen Störungen durchsetzen. Manche sagen, der flüchtige Nikolai habe sich den Namen eines toten Mannes angeeignet, NIKOLAI LENIN, dessen Pass ihm nicht nur eine gefahrlose Reise ermöglichte, wurde er dadurch doch nicht mehr mit dem Namen seiner Mutter und seiner Familie in Verbindung gebracht, nachdem sein Bruder als Attentäter gehängt worden war, sondern ihm auch erlaubte, einen deutlichen Bruch mit seiner kleinbürgerlichen Herkunft zu vollziehen. Andere wiederum sagen, er habe diesen Namen angenommen, um die Erinnerung an den Goldgräberstreik am Fluss Lena und an die Minenarbeiter wachzuhalten, die auf Geheiß der Eigentümer zusammen mit ihren misshandelten Frauen und Kindern vom St. Petersburger Militär abgeschlachtet wurden.

Und nun ist Leningrad wieder St. Petersburg. *Schneller, schneller, ruft die rote Königin. Sie rennt und rennt mit ihr, bis Alice kaum noch Atem holen kann.* Als sie endlich anhalten, bemerken sie, dass sich weder sie selbst noch irgendetwas um sie herum von der Stelle bewegt hat. Die Zeit ist stehen geblieben. Sie sind nur gerannt, um gleichauf zu bleiben.

Wiederholungen von Vorfällen wie am Fluss Lena, die brutale Unterdrückung einer Gruppe durch eine andere, springen uns tagtäglich aus den Nachrichten an. Unterdessen: Obwohl berichtet wird, er sei auf der Beerdigung seiner Geliebten von Kummer überwältigt worden, scheint ULJANOW-LENINS Zeitplan ihm schwerlich Raum für die Liebe oder, wenngleich er auch häufig fotografiert wurde, Zeit dafür gelassen zu haben, Porträt zu stehen.

Inventar, Nr. 79. 67. 45. 9. 1.

XVIII.

Hier und jetzt

AUF der Innenseite einer Zeitung befindet sich eine Fotografie, zwar in Farbe gedruckt, doch an die Grautöne des üblichen Schwarzweißdrucks erinnernd. Im Vordergrund laufen zwei junge Frauen nebeneinander über Schnee. Zwischen sich tragen sie eine große karierte Kunststofftasche, aus der Sachen herausquellen und sich im Wind kräuseln, so wie auch der lange Faltenrock des einen Mädchens und zwei, drei Strähnen, die sich unter dem Hut der anderen gelöst haben. Das Mädchen links trägt eine kurze Jacke, attraktiv die Taille umschließend, das zur Rechten einen langen, durchgeknöpften Mantel, der ihre hohe, schlanke Gestalt betont. Etwas verschwommen hinter ihnen sind aufgefaltete Pyramidenformen zu sehen, Zelte vielleicht. Die eine, ihr Kopf ist in einen Schal gehüllt, schaut nach unten. Die andere junge Frau sehen wir im Profil. Den Kopf erhoben, blickt sie nach links, über ihre Gefährtin hinweg, in die Ferne jenseits des Bildfelds.

Es ist ein faszinierendes Bild, eingefangen mit allen Finessen eines Modeshootings im Ethnostil.

In dieser Nacht, der Welt verloren, träume ich, dass die junge Frau zur Linken plötzlich zu Boden geworfen wird. Während sie seitwärts in den Schnee fällt, wechselt das Bild zur Farbe. Der Schnee an den Umrissen ihres kräftigen, jungen Körpers schmilzt ein bisschen, wird durchsichtig. Sie dreht ihren Kopf und ich sehe ihr in die Augen. Erwacht kommt sie mir bekannt vor. Schon früher habe ich dieses Gesicht flüchtig gesehen, diesen Blick immer wieder kurz in den Medien gestreift. Gemeinsam haben wir die Pausentaste gedrückt. Gebannt erfahren wir uns selbst jenseits des Bildschirms. Wir können unsere Blicke nicht voneinander lösen. Wir sind völlig gefangen in einer Kommunikation, entspringend aus einem Tumult von Bildern, die auf uns einströmen, von nah und fern, ohne Pause, ob aus Ruanda, Polen, Palästina, El Salvador, Bosnien, Irak, Kosovo oder hier, von der Grenze zwischen Inguschetien und Tschetschenien, und jetzt aus England.

Wir sehen, dass wir unseren Standpunkt nicht selbst ausgewählt haben, dass wir den Interessen größerer Mächte ausgeliefert sind, kulturellen und wirtschaftlichen Barrieren. Dass wir zur Bewegung gezwungen wurden, ohne vorankommen zu dürfen. Dass wir nicht mehr weiterwissen. Dass wir stumme Figuren sind, *nicht einmal unseren eigenen Namen dürfen wir beibehalten,* während wir in die Verwertungskette irgendeines neuen Produkts geraten.

Jetzt ist sie ruhig, und der Schnee um sie herum ist gefroren, wie auf der Fotografie. So reglos, wie das Mädchen in der Stadt, das in einem Hauseingang schläft. So reglos wie das Mädchen in dem Gemälde, deren Ebenbild sie ist. In den Tiefen meines Traums sehe ich jemandem, der uns gleicht, beim alltäglichen Sterben zu. Doch nach dem Erwachen, bemerke ich, dass sich etwas von ihr fortbewegt hat, an politischen und kulturellen Wachposten vorbei; dass ihr Blick ein Avatar ist, der Überbringer einer Botschaft, die mediale Zeitschranken durchdringt.

Inventar, Nr. 77.

ZEITSTÜCKE

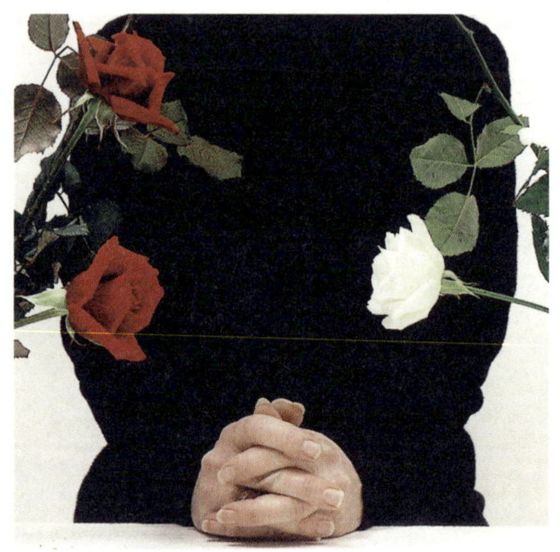

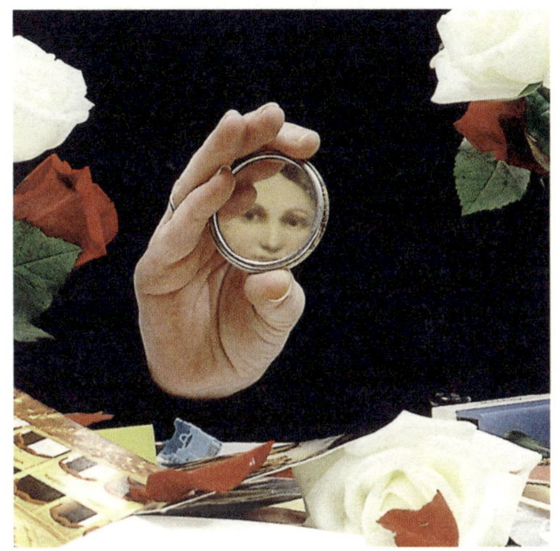

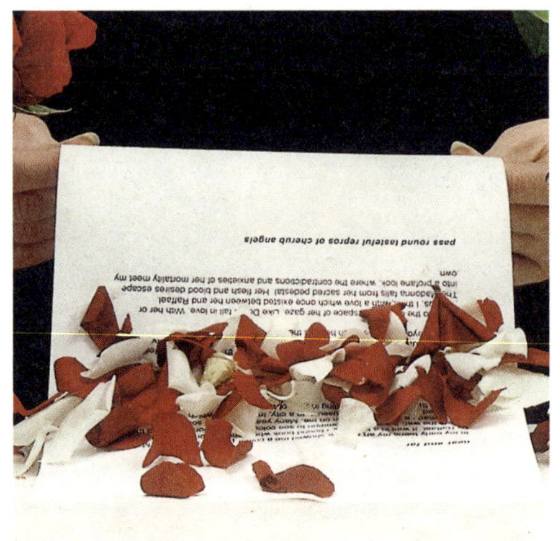
into a profane look, where the contradictions and anxieties of her mortality meet my
own
pass round tasteful repros of cherub angels

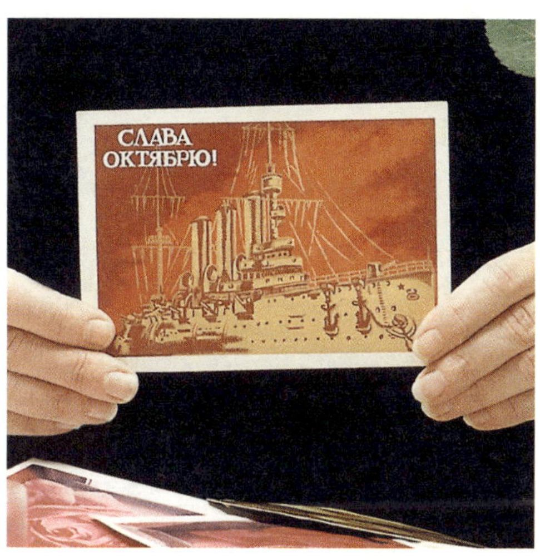
СЛАВА
ОКТЯБРЮ!

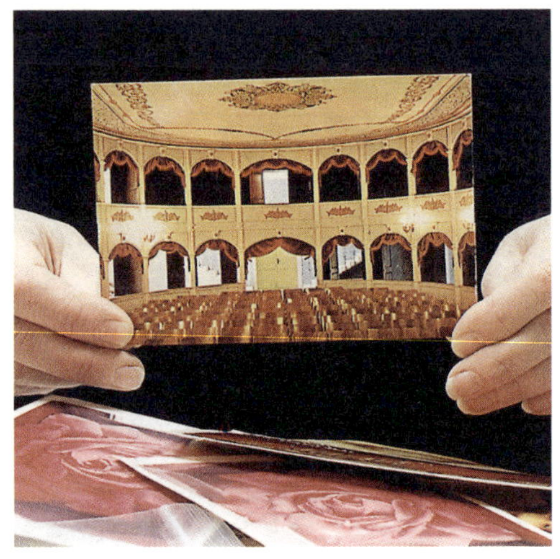

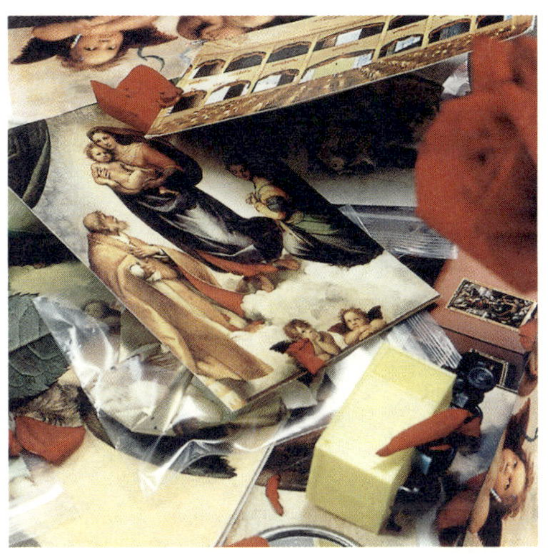

INVENTAR

DIE *Beute wird, wie das immer so üblich war, im Triumphzug mitgeführt. Man bezeichnet sie als die Kulturgüter. Sie werden im historischen Materialisten mit einem distanzierten Betrachter zu rechnen haben. Denn was er an Kulturgütern überblickt, das ist ihm samt und sonders von einer Abkunft, die er nicht ohne Grauen bedenken kann. Es dankt sein Dasein nicht nur der Mühe der großen Genien, die es geschaffen haben, sondern auch der namenlosen Fron ihrer Zeitgenossen. Es ist niemals ein Dokument der Kultur, ohne zugleich ein solches der Barbarei zu sein.* Nr. 3

M.M.

87. *Dictionary of Dreams* \ Titelbild mit Zwillingsengeln mit hinzugefügten Sonnenstrahlen, mit freundlicher Genehmigung von The Stock Illustration Source, Gestaltung von PETE ROZYCKI. GUSTAVUS HINDMAN MILLER. Parragon Books, Bath UK, copyright Outlet Book Co. New York 1999 \ The Co-op \ Baker St. Brighton \ 15.8.2000

86. Farbfotografie \ *Schlafzimmer mit Plakat der Zwillingsengel.* ALICIA CHAPMAN \ *British Journal of Photography* \ 19.7.2000 \ S. 24 \ von B. G. MILLS \ 27.7.2000

85. E-Mail von URIEL ORLOW, die Übersetzung des Zitats von Nr. 84, S. 40 betreffend \ *Du kennst sie gewiß, die Sixtina. Mein Gedanke, als ich da saß, war, oh, wenn Du mit mir wärest. … Ein Schönheitszauber geht von dem Bild aus, dem man sich nicht entziehen kann* \ FREUDS Anmerkung zu der unwiderstehlichen Schönheit der *Sixtina* ist bei ANGELO WALTHER im Zusammenhang mit zahllosen früheren und zeitgenössischen Reaktionen, wie die von

Herder, Goethe, Kleist und Nietzsche, aufgeführt, mit welchen sie vergleichbar ist \ 22.7.2000

84. Angelo Walther: *Die Sixtinische Madonna.* E. A. Seemann. 1994 \ Als umfassende geschichtliche Darstellung des Gemäldes, enthält dieser Text die Reproduktion einer Kopie der *Sixtina* in der Kirche des Heiligen Sixtus zu Piacenza von Pier Antonio Avanzini, beauftragt, um den Verlust an Dresden zu kompensieren. Walthers Text enthält auch eine anekdotische Spekulation über ein Liebesverhältnis zwischen Raffael und seinem Modell \ Richters Buchhandlung \ *Gemäldegalerie Alte Meister, Semperbau, Zwinger.* Dresden \ 4.4.2000

83. *Briefsiegelmarken* \ Auflage von sechs Marken mit Abbildungen von Gemälden von Botticelli, Tizian, Pinturicchio, Maratta, Dolci und Raffaels *Sixtina,* in vier Sprachen, deutlich als Sammelstücke, nicht als Briefmarken, gekennzeichnet. Kunstverlag Brück & Söhne \ Richters Buchhandlung \ *Gemäldegalerie Alte Meister, Semperbau, Zwinger.* Dresden \ 4.4.2000

82. Eintrittskarte Nr. 53540 für die *Gemäldegalerie Alte Meister* mit Abbildung der Zwillingsengel \ *Semperbau, Zwinger.* Dresden \ 4.4.2000

81. Eine zweite Version von Nr. 35 mit dem Aufkleber *Umzugsservice aus Dresden.* Verkauft in einer Klarsichtverpackung \ Der Modelleisenbahnladen \ Bahnhof Dresden-Neustadt \ 3.4.2000

80. Mit Stoff bezogenes Brillenetui, bedruckt mit den Zwillingsengeln. Made in China \ The Gadget Shop \ Crawley \ von B. G. Mills \ 13.3.2000

79. E-Mail des *Finland Museum of Lenin* mit der Information, Wladimir Uljanow habe den Namen und Reisepass des verstorbenen Nikolaj Lenin angenommen \ 14.2.2000

78. E-Mail von Michael Billig, freundlich auf meine Nachfrage zu Idas zweitem Traum eingehend \ 1.2.2000

77. Farbfotografie \ *Frauen stapfen mit ihren Habseligkeiten durch den Schnee, in einem Lager in der Nähe von Sleptowsk in Inguschetien, das Geflüchtete aus Angst nicht verlassen.* Adlan Khasanov \ *The Guardian* \ S.17 \ 29.1.2000

76. Deborah Lipstadt, Professorin für Moderne Jüdische Geschichte und Holocaust-Studien an der Emory University in Atlanta, beschuldigt David Irving in ihrem Buch *Denying the Holocaust: The Growing Assault On Truth and Memory* (Penguin. 1996) *einer der prominentesten und gefährlichsten Holocaust-Leugner* weltweit zu sein \ Deborah Lipstadt: *Irving ready for court battle over Holocaust* \ *The Guardian* \ S. 7 \ 8.1.2000

M.CM.XC.IX.

75. Michael Billig: *Freud and Dora: Repressing an Opressed Identity* \ www.massey.ac.nz/~ALock/virtualdora4.htm \ 11.12.1999 \ Diese Studie, die auch eine kurze Beschreibung zu Otto Bauer enthält, wurde mit Anpassungen hier veröffentlicht: Michael Billig: *Freudian Repression: Conversation Creating the Unconscious.* Cambridge University Press. 1999

74. *Krupskayas Reminiscences of Lenin* \ Übersetzung und HTML-Kennzeichnung, Sally Ryan \ 9.10.1999
csf.colorado.edu/mirrors/archive/css/works.css
www.marxists.org/archive/krupskaya/works/rol/rol26.htm

73. Gebraucht gekauftes Mauspad mit Abbildung des linken Engels \ von Maggie McNeeley \ Fort Worth, USA \ 25.8.1999

72. Tattoo des linken Engels auf dem Unterbauch eines Models, aus *Voluptuous* \ S. 2. Vol. 6. Nr. 5 \ Fundstück aus dem Zug zwischen London und Brighton \ Mai 1999

71. *Russische Kommunisten verehren den Staatsgründer der Sowjetunion noch immer, sie legen jedes Jahr zu seinem Geburtstag am Mausoleum Kränze nieder ... Lenins Körper wurde einbalsamiert und kurz nach seinem Tod 1924 öffentlich gezeigt.* \ Marcus

Warren. Korrespondent in Moskau, Abteilung Auslandsnachrichten \ *The Daily Telegraph* \ S. 18 \ 5.5.1999
www.cnn.com/WORLD/9704/22/briefs/lenin.html
www.aha.ru/~mausoleum/index_e.htm
www.lenin.ru

70. Ein eleganter Mann lädt uns zu einer selbstgekochten Abendmahlzeit in ein französisches Haus aus dem 17. Jahrhundert ein. Wir lehnen ab und suchen ein Restaurant. Als wir feststellen, dass alle Restaurants geschlossen sind, versuchen wir ihn zu finden. Im Fernsehen läuft eine Nachrichtensendung zur Krise im Kosovo, an der Wand hängt eine Postkarte der *Sixtinischen Madonna*. Der Ehemann arbeitete vor 1989 in Dresden und sandte die Postkarte aus dem Museum an seine Frau, die Künstlerin, die unsere Mahlzeit zubereitet \ Trinidad, Kuba \ 28.3.1999

69. DDR-Lastwagen, dessen Miniaturversion Nr. 35 ist, parkt vor der Louvre Bar des Hotels Inglaterra \ Havanna, Kuba \ 27.3.1999

68. Mit *Alice Scos* handgezeichneter Karte folgend, vom Hotel Inglaterra aus, entlang der angrenzenden San-Rafael-Straße, treffen wir einen alten Herrn, der ein rotbraunes T-Shirt trägt, bedruckt mit Raffaels Engeln. \ Havanna, Kuba \ 25.3.1999

67. *Unvollendetes Porträt Lenins, die Sixtinische Madonna betrachtend* von Dimitri Nalbandian, 1985, Öl auf Leinwand \ Jamey Gambrell: *Report from Moscow. Soviet Art Today* \ *Art in America* \ Vol. 7 \ Nr. 3 \ S. 31–43 \ November 1985 \ gefunden von Kay Walsh \ 29.1.1999

66. Johann Konrad Eberlein: *The Curtain in Raphael's Sistine Madonna* \ *The Art Bulletin* \ S. 61–77 \ Vol. LXVI \ Nr. 2 \ März 1983 \ Dieser Artikel enthält allein achtundsiebzig Fußnoten, die Diskussion zur Bedeutung des Vorhangs betreffend.

65. Hubert Grimme: *Das Rätsel der Sixtinischen Madonna* \ *Zeitschrift für bildende Kunst* \ N.F. XXX III \ H. 3/4 \ 6.1922 \ Gesucht und gefunden von Kay Walsh mit Unterstützung der

Bibliothekare am Goethe Institut London \ Februar 1999

64. *Our Lady of Victory's Renaissance Collection* \ Raphael Sanzio: *Sistine Madonna.* E310. 25" x 31" [mit Leineneinband] \ 7.2.1999 \ www.pages.prodigy.net/splendor/E310.htm

63. www.postershop.com/Raphael-p.html \ Diese Webseite bietet sechs Seiten mit Variationen des Engelsmotivs an. \ 7.2.1999

M.CM.XC.VIII.

62. Patrick J. Mahony: *Freud's Dora A Psychoanalytic, Historical and Textual Study.* Yale University Press. 1996 \ Alle Zitate, außer aus Freuds *Krankengeschichte* und von Angelo Walther, in *Passieren, Und hinübergehen* S. 94 und 43; Deutscher Text von *Doras* Traum und Mahonys Übersetzung, S. 86–87

61. Postkarte, nicht versandt, Kupferstich der *Sixtina* \ *Gemäldegalerie.* Dresden \ Mit Erläuterung auf Deutsch, Englisch, Französisch und Russisch \ von Holger Birkholz \ Kassel \ 14.9.1998

60. *Atikah.* Türkische Zigarettenschachtel aus der Dresdner Fabrik mit der sarazenischen Kuppel \ vom selben Flohmarkt wie Nr. 59

59. Madonna und Kind \ gerahmte Reproduktion auf Tafel, 20" × 24". Die einzig auffindbare Reproduktion dieses Details der *Sixtina.* Der Standbesitzer nahm an, es sei direkt für den Rahmen gekauft worden \ Flohmarkt bei Gorleben \ 30.8.1998

58. Zwei Schnappschüsse von Monica Ross auf einem Spaziergang mit Nr. 59 \ Ralf Klement \ 30.8.1998

57. Victor Klemperer: *Tagebücher 1933–1941. Tagebücher 1942–1945. Ich will Zeugnis ablegen bis zum letzten.* Aufbau Verlag. 1995 \ In Band 2, 1942–1945, S. 657–672, beschreibt Victor Klemperer, Mitglied der winzigen, noch in Dresden befindlichen jüdischen Gemeinde und hauptsächlich als Zwangsarbeiter tätig, seine Erfahrung des alliierten Bombenangriffs auf die Stadt und

des anschließenden Feuersturms während der Nacht vom 13. auf den 14. Februar 1945 \ von Winfried Pauleit \ Berlin \ 13.7.1998

56. *Tuscany Now* \ Anzeige für Ferien in Italien. Linker Engel \ *The Guardian* \ 14.3.1998

55. *Brief Encounters* \ Anzeige für Ferien in Italien. Rechter Engel \ *The Guardian* \ 14.3.1998

M.CM.XC.VII.

54. Interview mit Abu Ziad in Dora, Bagdad, dessen Ehefrau und vier Kinder während der Bombardierung des Luftschutzbunkers von al-Amiriya durch britische und amerikanische Truppen in der Nacht vom 13. auf den 14. Februar 1991 getötet wurden \ *The Guardian* \ Januar 1997

53. Zwei verpackte Keramikbecher, beide mit der Abbildung je eines Engels. A Season of Wonder \ von Maggie McNeeley \ Forth Worth, USA \ Mai 1997

52. Goldenes Geschenkpapier mit einem sich wiederholenden Muster der Zwillingsengel, unbekannter Hersteller \ von Maggie McNeeley \ Forth Worth, USA \ Mai 1997

M.CM.XC.VI.

51. Broschüre zur Geldkarte von Marks & Spencers mit Abbildung der Zwillingsengel. Marks & Spencer Financial Services Ltd \ von Christopher Stevens \ Brighton \ November 1996

50. Zwei Schachteln mit Gourmet Cooked Chips von Swift & Swift mit Abbildung der Zwillingsengel \ Borodale Foods Ltd, Ireland \ Safeways, Brighton \ Christopher Stevens \ August 1996

49. Ansichtskarte der *Sixtina*. Nr. 80470. Karten-Edition \ Museumsplein kiosk, Amsterdam \ von B. G. Mills \ März 1996

48. Umschlag mit einer US-amerikanischen Erinnerungsbriefmarke des rechten Engels \ abgestempelt in New York \ von Christopher Stevens \ 20.3.1996

M.CM.XC.V.

47. *Heavenly Thoughts* \ Glückwunschkarte mit gefaltetem Scherenschnitt, Zwillingsengel mit Goldflitter \ Portal Publications \ von Maggie McNeeley \ Forth Worth, USA \ Dezember 1995

46. Kräuterkissen mit Siebdruckmotiv der Zwillingsengel \ unbekannter Hersteller \ von Maggie McNeeley \ Forth Worth, USA \ Dezember 1995

45. Edmund Wilson: *To the Finland Station.* Penguin Books. 1991 \ Alle Zitate aus *Momentaufnahme*, S. 547–554. Streik der Goldminenarbeiter an der Lena, S. 529–530

44. Geburtstagskarte mit Abbildung der Zwillingsengel. Lilac Leaf, LLG 506 \ London \ November 1995

43. Irina Antonowa: *Kunstschätze als Opfer des Krieges.* Ausstellungskatalog *Berlin-Moskau.* Prestel Verlag. München – New York 1995 \ Martin-Gropius-Bau, Berlin \ 3.11.1995

42. *They're Fun, They're History, They're America.* US-amerikanische Erinnerungsstücke mit ‚Liebesengeln': Briefmarkensets mit jedem der beiden Engel \ von Maggie McNeeley \ Austin, USA \ September 1995

41. *Rose and Angels Stamper Pak.* Jeweils ein Gummistempel für jeden Engel. Cynthia Hart, Berkeley, Kalifornien \ von Maggie McNeeley \ Fort Worth, USA \ September 1995

40. Zwei runde Handtaschenspiegel, auf der Rückseite je eine Abbildung der Engel \ Hersteller unbekannt \ Brighton Lanes \ Juli 1995

39. JAMES MEEK und SARAH JANE CHECKLAND: *Who Keeps the Spoils of War?* \ *The Guardian* \ S. 23 und 27 \ 11.2.1995 \ Enthält einen Auszug, in dem die Entdeckung der *Sixtina* beschrieben wird, aus LYNN H. NICHOLAS: *The Rape of Europe.* Macmillan. 1995

38. DAVID FAIRHALL: *Unrepentant RAF boycotts Dresden* \ *The Guardian* \ S. 11 \ 11.2.1995

37. CAROLINE FETSCHER und DAN VAN DER VAT: *Aftermath of the night it rained fire on Dresden* \ Briefe an die Redaktion \ *The Guardian* \ S. 26 \ 11.2.1995

36. TONY PATERSON: *Hostility haunts ruins of old Dresden* \ *The European* \ S. 20 \ 26.1.1995

M.CM.XC.IV.

35. Modell eines Lastwagens aus der DDR im Karton, bedruckt mit einem Serienmuster aus Straßenfahrzeugen. Laut Aufdruck enthielt die Schachtel ursprünglich das Modell *Panzer* \ von NORBERT MEYN \ Weimar \ Dezember 1994

34. SIGMUND FREUD: *Case Histories I.* The Penguin Freud Library. Vol. 8. Penguin. 1990 \ von CATHY ROSS \ Brighton \ Dezember 1994

33. *Angels.* Kalender mit Abbildung des linken Engels auf dem Titelblatt. Graphique de France \ von FRANK MOTZ \ London \ Dezember 1994

32. HENRY PORTER: *Wings of Desire* \ Alle Zitate in *Hier, da und überall* stammen aus diesem Artikel \ *The Guardian*, Rubrik Medien \ S. 1–3 \ 5.12.1994

31. Postkarte mit Abbildung der Zwillingsengel \ Weichmann Verlag \ von POLLY GOULD \ Maastricht \ Oktober 1994

30. Telefonanruf von JOHN SETH mit der Mitteilung, er habe ein Zitat aus *Fragment of an Analysis of Hysteria* [Nr. 34] entdeckt, worin

Freud *Doras* Eindruck vor dem Gemälde beschreibt \ Juni 1994

29. Postkarte mit Abbildung der rauchenden Zwillingsengel \ Rat Productions, Amsterdam \ von Alice Ross \ London \ 4.7.1994

28. Postkarte mit Abbildung der Zwillingsengel \ Tushita Fine Arts \ von Antonia Hirsch und Patricia Kohl \ Frankfurt am Main \ Mai 1994

27. David Irving: *The Destruction of Dresden* \ Corgi Books. 1963 \ Unvollständiges Exemplar, als Zugabe zu Nr. 26 \ 20.7.1994

26. *Dresdener Galerie* \ Mappe mit Druckgrafiken von Gemälden der Dresdner Sammlung, mit einem Stich der *Sixtina* auf der Titelseite. Handgebunden durch die Kunsthandlung A. Ernst, Prager Straße 49, Dresden. Gewidmet N. M. Osborne von seiner Ehefrau Harriet, Weihnachten 1881 \ Zufallsfund im Buchantiquariat Brimstones \ Kemp Town, Brighton \ 20.7.1994

25. Postkarte der *Sixtina* \ von Robert Scholz \ Dresden \ 18.4.1994

24. Postkarte der *Sixtina* vor Ort im Museum, Distanzansicht 1 \ von Robert Scholz \ Dresden \ 12.5.1994

23. Postkarte der *Sixtina* vor Ort im Museum, Distanzansicht 2 \ von Robert Scholz \ Dresden \ 23.5.1994

22. Postkarte der *Sixtina* vor Ort im Museum, Nahansicht 1 \ von Robert Scholz \ 25.5.1994

21. Postkarte der *Sixtina* vor Ort im Museum, Nahansicht 2 \ von Robert Scholz \ Dresden \ 27.5.1994

Nr. 24 Verlag Brück & Sohn \ Nr. 23–21 Copyright Edition Frerk + Frerk \ Nr. 25 Canny Design \ Nr. 24–21 postalisch gestempelt mit einer Druckgrafik des Gemäldes mit Vorhang und lediglich dem rechten Engel \ Der Künstler Robert Scholz hat seinen Namen seitdem zu Trebor Scholz geändert.

20. ALEXANDER GARCÍA DÜTTMANN: *Tradition and Destruction: Walter Benjamin's Politics of Language. Benjamin's Philosophy. Destruction and Experience.* Hrsg. von ANDREW BENJAMIN und PETER OSBORNE. Routledge. 1994

19. *Day 674* \ Performance der ersten Version von *valentine* \ Sallis Benney Theatre, Brighton University \ *Violence of The Imagination Performance Festival* \ 10.–13.2.1994

M.CM.XC.III.

18. *Pensive Putto* mit Abbildung des linken Engels \ Woodmansterne Publications, England \ von GREG DIX \ Sydney, Australien \ Dezember 1993

17. Weihnachtskarte mit Abbildung der Zwillingsengel ©MGML. STC XAE93450 \ von MARGARET HARRISON und CONRAD ATKINSON \ Kalifornien, USA \ Dezember 1993

16. Weihnachtskarte mit Abbildung der Zwillingsengel ©MGML. STC XAE93450 \ von JOHN SETH und LANIS LEVY \ London \ Dezember 1993

15. Weihnachtskarte mit Abbildung der Zwillingsengel ©MGML. STC XAE93450 \ von CORDELIA MAYFIELD und ANNE TALLENTIRE \ London \ Dezember 1993

14. Postkarte mit Abbildung der Zwillingsengel \ von MIKEL ROSEN \ Quantity Postcards. San Francisco \ Dezember 1993

13. WALTER BENJAMIN: *Moscow Diary.* Hrsg. von GARY SMITH. Übersetzt von RICHARD SIEBURTH. Harvard University Press. 1986

12. WALTER BENJAMIN: *One-Way Street: And Other Writings.* Verso. 1985 \ Das Zitat in *Gefunden in der Zeit* stammt aus: *A Small History of Photography.* S. 245

M.CM.XC.II

11. Gillian Rose: *Walter Benjamin – Out Of The Sources Of Modern Judaism.* In: *The Actuality of Walter Benjamin.* Lawrence & Wishart. 1993 \ Zitate in *Das Maß der Dinge* und *Wieder und wieder* S.75. Texte zur Konferenz *Walter Benjamin* anlässlich des einhundertsten Geburtstags von Walter Benjamin. \ Senate House\ University of London \ 16.–18.7.1992

10. Zwei Postkarten von *Le Tombeau des Lutteurs. The Tomb of The Wrestlers* von René Magritte. 1960–1961 Öl auf Leinwand, 89×117 cm. ADAGP et Flammarion \ Magritte-Ausstellung \ *The Hayward Gallery*. London \ 21.5.–2.8.1992

9. Sarah Whitfield: *Magritte.* Ausstellungskatalog. *The Hayward Gallery*. London. 1992 \ Zitate: S.119, 13, 21

8. Postkarte mit Engeln, bezeichnet als Detail der *Sixtinischen Madonna.* F1467 Deutscher Kunstverlag \ *Gemäldegalerie Alte Meister, Albertinum,* Dresden \ 22.5.1992

7. *Sixtinische Madonna*, von Raffaello Sanzio da Urbino. Ölgemälde. 265×196 cm. Gemalt in Rom zwischen 1512 und 1513. *Staatliche Kunstsammlungen.* Dresden \ Gesehen im *Albertinum, Gemäldegalerie* während eines Besuchs bei Pete Smithson, organisiert von Runhild Wirth und Norbert Meyn \ Postkarte F1466 Deutscher Kunstverlag \ Dresden \ 22.5.1992

6. Handbemalter Spielzeuglaster aus Holz, beschriftet Dresden-Göppingen, erworben in einem Spielzeugladen mit Pete Smithson \ Weimar \ 24.5.1992

M.CM.LXXX.IX.

5. Postkarte mit dem Kinoplakat *Battleship Potemkin.* UDSSR \ von Alice Ross \ abgestempelt in Moskau \ 29.10.1989

4. Postkarte *The Oldest Town Theater in Europe.* 16826 Izdaje I

Stampa, Giro Beograd 1981 \ von Kate Walker \ abgestempelt in Hvar, Jugoslawien \ 26.9.1989

M.CM.LXXX.V.

3. *The Work of Art in the Age Of Mechanical Reproduction* \ Fotokopie von Caroline Fawkes, in Vorbereitung für ihr Seminar an der St. Martins School of Art im Oktober 1985 \ *The Work of Art in the Age Of Mechanical Reproduction, Theses on the Philosophy of History* und weitere Aufsätze, übersetzt von Harry Zohn, mit einer Einführung von Hannah Arendt, herausgegeben als *Illuminations.* Schocken Books. 1968 \ Zitat am Beginn dieses Inventars: *Nr. VII, Theses on the Philosophy of History.*

M.CM.LXXX.II

2. D. M. Thomas: *The White Hotel.* Penguin. 1982 \ von Cynthia Bower \ Birmingham \ 26.5.1982

1. Lewis Carroll: *The Annotated Alice.* Penguin. 1970. Einführung und Anmerkungen von Martin Gardner \ Zitate in *Weder das eine noch das andere*, S. 106

DANKSAGUNG

[zur englischen Ausgabe]

Besonderer Dank an Lisa Panting, Direktorin von Milch, Yve Lomax und Bernard G Mills für ihre kritische und praktische Beständigkeit. Ihre Ermutigungen, Geduld und Freundschaft, zusammen mit dem von Anne Tallentire und Deborah Rawson waren für das Gelingen des Projekts entscheidend. Dank auch an Catherine Williams, an Andrew Wheatley für seinen Zuspruch zu dem ursprünglichen Konzept. Zum Schluss, trotzdem nicht weniger wichtig, vielen Dank an alle, die zu dem Inventar beigetragen haben.

NACHWORT

[zur deutschen Ausgabe]

Plötzlich hängt alles mit allem zusammen, im Anblick einer jungen Frau, die uns nicht einmal direkt ansieht. Plötzlich? Einerseits durchaus, denn diese erschreckende Unmittelbarkeit traf (und trifft?) uns, jede\n Betrachter\in, Offenheit vorausgesetzt, bis ins *Innerste der Seele.* Ein ganz junger Betrachter schrieb das an seinen Vater: *Lieber Vater*, bekannte der 24-jährige Maler Philipp Otto Runge 1802, *ich möchte nur, daß Sie das Bild einmal sähen ... Der tiefe unergründliche Ernst und die ewige Liebe, die in dieser Mutter Gottes liegen, das dringt einem bis in die innerste Seele.*[1]

Die Zeugnisse von siebenundvierzig Herren und drei Damen finden sich in der Anthologie *Zukunft seit 1560* versammelt, mit der die Staatlichen Kunstsammlungen Dresden, und damit die dazugehörige Gemäldegalerie Alte Meister, 2010 ihr 450. Jubiläum feierten. Drei Briefe Runges sind dort als Exzerpte enthalten. Viele der übrigen Texte stammen aus dem 19. Jahrhundert und enthalten hingerissene Elogen auf die *Sixtinische Madonna*, die Raffael 1512 schuf. Der Schreibstil illustriert den Zeitgeist, das romantische Schwärmen für die beseelte Kunst der Alten, die Sehnsucht nach einer noch nicht von Industrialisierung belagerten Vergangenheit. Dieser Duktus offenbart gleichzeitig ein idealisiertes

Frauenbild, das nach wie vor Weiblichkeit überhöhte und damit keine nennenswerte Abweichung vom traditionellen Blick der bildenden Künstler seit den antiken Göttinnenbildnissen zeigt. Ganz im Gegenteil, der weibliche Körper diente noch bis weit ins 20. Jahrhundert hinein als unnahbares ästhetisches Objekt und/oder als Projektionsfläche für mehr oder weniger sublimierte, testosterongesättigte Fantasien.

Die erwähnte Anthologie endet mit einer Betrachtung des aus Dresden gebürtigen Dichters Durs Grünbein aus dem Jahr 2006. Zu diesem Zeitpunkt war das schmale, schwarze Traktat *valentine* von Monica Ross bereits in London erschienen. Einen Auszug daraus abzudrucken, wäre also keine raumzeitliche Unmöglichkeit gewesen. Genauso wenig wäre es unmöglich gewesen, Recherchen außerhalb des Kanons vorausgesetzt, die Zahl der vertretenen Autorinnen auf, sagen wir einmal, zehn zu erhöhen. Zumindest *Dora*, die berühmteste (angebliche) Hysteriepatientin der Welt, hätte darin auftauchen können, zumindest in einem Zitat von Dr. Freud, ihrem Analytiker. Das wären gegenüber der wortreichen Ornamentik der aufgereihten Intellektuellen nur ein paar Zeilen gewesen:

Damals wanderte sie als Fremde herum, versäumte natürlich nicht die berühmte Galerie zu besuchen. Ein anderer Vetter, der mit ihnen war und Dresden kannte, wollte den Führer durch die Galerie machen. Aber sie wies ihn ab und ging allein, blieb vor den Bildern stehen, die ihr gefielen. Vor der Sixtina verweilte sie zwei Stunden lang in still träumender Bewunderung. Auf die Frage, was ihr an dem Bilde so sehr gefallen, wusste sie nichts Klares zu antworten. Endlich sagte sie: die Madonna.[2]

Zwei Stunden für das Unsagbare. Zwei Stunden dauert es ungefähr, um *valentine* ein allererstes Mal still zu lesen und sich dann vorzustellen, wie Monica Ross den Text als Spoken-Word-Performance, als Sprachcollage aufgeführt und den Zuhörer\inne\n klargemacht hätte, dass diese Renaissancemadonna eine multidirektional und intersektional funktionierende Erscheinung ist, aus der sich die Dilemmata und Freuden der gesamten Menschheitsgeschichte geradezu zyklisch entwickeln lassen – ohne absehbare Chronologie. Die nicht-lineare Programmatik ihrer Gedanken, flankiert von Sigmund Freud, Walter Benjamin, Nadjeschda Krupskaja und anderen; das Manövrieren einer Vielzahl von Fäden, die sich ver- und entknoten, haben mich beim Übersetzen in ständiger Spannung gehalten. Denn sobald ich meinte, einen Zusammenhang verstanden zu haben, servierte die Autorin im übernächsten Kapitel den nächsten Bedeutungsknoten. Schon bald war mir klar, dass es sich bei *valentine* um einen exemplarischen Fall von poststrukturalistisch gestimmter *écriture féminine* handelt. Das hierarchiefreie, assoziationsdichte Schreiben kannte ich aus der feministischen Philosophie, speziell aus Hélène Cixous' *Weiblichkeit in der Schrift*. Als Bildwissenschaftlerin interessierte ich mich in den 2000er Jahren vornehmlich dafür, wie sich die theoretische Semantik der *écriture féminine* in den Werken feministischer Bildkunst widerspiegelte, bei den US-Amerikanerinnen Nancy Spero und Hannah Wilke etwa. Deshalb verstand ich Cixous' Ausführungen damals eher als, irgendwie ungewöhnlich poetische, Handlungsanweisungen für Visualität; die körperhafte und zugleich heuristische Qualität ihrer Synthese aus Form und Inhalt blieb mir verschlossen. Dank *valentine* lese ich CIXOUS heute ganz neu:

Ich will das Unabgeschlossene. Ich will die tiefe, organische Unordnung, die trotzdem eine unterschwellige Ordnung ahnen lässt. Die große Macht der Möglichkeiten. Ich will die Erfahrung eines Mangels an Konstruktion. Obwohl mein Text von einem Ende zum anderen von einem zerreißbaren roten Faden durchzogen ist – von welchem? / Es gibt eine Kunst des ‚Nicht-wählens', die die Dinge auf ihre eigene Art sich einprägen läßt, wobei die Materie zu sich selbst kommt und eine Form annimmt in ihren – eigenen – Sprachen, bevor die Grammatik ihr ihre Gesetze auferlegt hätte.[3]

Jetzt scheint es mir, als hätte HÉLÈNE CIXOUS hier *valentine* beschrieben, wie ein Bild, und ich kann es mir kaum anders vorstellen, als hätte diese Philosophin, ganz wie MONICA ROSS, ihre Gedanken nur anhand von gesprochener Sprache performativ entwickeln können. Ich kann sie fast hören, so wie ich Ross' Stimme mittlerweile in *valentine* höre: *Ich hatte nicht erwartet, sie zu sehen. Ich wusste nicht, dass sie dort war.* (S.19) Die Künstlerin muss eine Ergriffenheit gespürt haben, die sich nicht allein aus der Überraschung heraus erklären ließe, mit der sie sich im Frühjahr 1992 vor der Madonna wiederfand: *Genau wie es ein heranwachsendes Mädchen einst Freud erzählte, bin ich reglos, hingerissen von ihrem Anblick,* andächtig. *Liebe auf den zweiten Blick.* (s.19) Hatte sie schon damals sofort an *Dora*, die sie mit ihrem richtigen Namen IDA BAUER nennt, denken müssen und an SIGMUND FREUDS *Bruchstück einer Hysterie-Analyse* von 1905?

Dass MONICA ROSS nicht mehr da ist und ich sie nicht fragen, geschweige denn sie überhaupt persönlich kennenlernen kann, empfinde ich als kosmische Zumutung.

Mich verwundert ihre großzügige Haltung gegenüber FREUD und seiner, zugegeben damals noch jungfräulichen, Methode, hatte dieser Pionier der Seelenkunde doch allein mit der Begrifflichkeit der Hysterie die klischeehafte Pathologisierung sozusagen nichtnormativer Weiblichkeit aus dem 19. Jahrhundert übernommen. Am Ende leitete er, indirekt aus *Doras* Affekt für die Madonna, die konflikthafte Homosexualität seiner heranwachsenden Patientin ab. Als könne sich die berauschte Zuneigung einer Frau zum Abbild einer anderen Frau ausschließlich als lesbische Liebe erklären lassen. Auch das erfuhr ich aus *valentine*. Der Doktor selbst, so wird er in der erwähnten Anthologie zitiert, stellte sich bei seiner Erstbegegnung mit dem Original über erotische Gefühle erhaben dar:

Ein Schönheitszauber geht von dem Bild aus, dem man sich nicht entziehen kann, doch hatte ich gegen die Madonna selbst einen gewichtigen Einwand vorzubringen … Die Raphaelsche aber ist ein Mädchen, man möchte ihr sechzehn Jahre geben, schaut so frisch und unschuldig in die Welt hinein, halb gegen meinen Willen drängte sich mir auf, sie sei ein reizendes, Sympathie erweckendes Kindermädchen, nicht aus der Himmelswelt, sondern aus der unsrigen.[4]

So schrieb er jedenfalls im Dezember 1882 an sein *teures Liebchen* MARTHA BERNAYS. Da ist IDA BAUER gerade mal ein Jahr alt. Der zweite Alliierte von MONICA ROSS' Betrachtungen war damals noch gar nicht geboren: WALTER BENJAMIN. Und während ich noch darüber nachsinne, wie das gesprochene Wort und das geschriebene sich in ihrer künstlerischen Praxis verschränken, ist sie schon wieder einen Schritt voraus. Denn die heute so vielzitierte Schrift BENJAMINS vom *Kunstwerk in Zeiten seiner technischen Reproduzierbarkeit* eignete sie sich offenbar zunächst, vorherige Lektüre unbenommen, über das Schreiben an. Über das Schreiben als manuelle, atavistische Form der Weltaneignung – in unserer, in ihrer Zeit, in der sich ein gewaltiger Paradigmenwechsel vollzieht, der vielleicht nur vergleichbar ist mit der Etablierung der Fotografie in BENJAMINS Tagen oder der Erfindung des Buchdrucks um 1450. ROSS' Entscheidung, BENJAMINS Text wieder und wieder per Hand abzuschreiben, ihn damit körperlich zu verinnerlichen, war ein persönlicher, intimer Weg der Appropriation.[5] Gleichzeitig war das jedoch ein bewusster Rückgriff auf jene Zeiten, da Texte als Bücher nur zirkulieren konnten, wenn sie abgeschrieben wurden. So wirkt ihre Strategie gleichzeitig als ein Appell, die digitalen Instrumente der Gegenwart als anthropologischen Umbruch zu verstehen. Genauso, wie BENJAMIN das Zeitalter der Reproduzierbarkeit von Bildern, die zuvor nur in ihrer malerischen, zeichnerischen beziehungsweise druckgrafischen Wiederholung über das Original hinaus existieren konnten, als Umbruch reflektiert hatte. Wohl kaum ein Bild in der abendländischen Kunstgeschichte spiegelt diesen Vorgang besser als die *Sixtinische Madonna* oder besser: ihre beiden weltbekannten Accessoires, die Engel zu ihren Füßen. Um sie herum entwickelten sich, erst der fotografischen, dann der digitalen Reproduktion sei Dank, ganze Industrien von Postkarten, Trinkgefäßen, Kosmetiktaschen, Regenschirmen, bis hin zur Bettwäsche. In ihrem

Inventar zu *valentine* hat Monica Ross ein paar Beispiele davon gesammelt und 2002, zehn Jahre nach ihrem Erstkontakt mit dem Gemälde, auch *valentine* war bereits erschienen, Folgendes geschrieben:

Ganz wie eine Website, gibt es immer Werke in Kunst, Literatur, Philosophie, Wissenschaft, alte und neue, die auf uns warten: auf das Ereignis einer Begegnung in der Gegenwart. Oftmals haben wir nur Zugang zu solchen Werken aufgrund von Übertragungstechnologien, die es zur Zeit, als das Original entstand, noch nicht verfügbar waren: Druck, Farbfotografie, Film, Rundfunk und digitale Medien. Wie bei allen Übersetzungsvorgängen, verändert sich das Ausgangswerk durch die Interaktion mit der Technologie. Das Abbild des Gemäldes, das einem privaten Sammler gehört, wird zum Allgemeingut, gleich in welcher Größe oder Form. Als Postkarte, Geschenkpapier oder Keksdose entwischt das Bild eines Altarretabels den Beschränkungen seiner ursprünglichen Ausmaße. Wir können das billig und scheußlich finden, sprich: wir können dem verlorengegangenen Wert des Originals nachtrauern oder aber können wir uns über den Prozess freuen, durch den das Kunstwerk von einer privilegierten Stellung in eine gemeinschaftlich nutzbare Position überführt wurde.[6]

Das ist ein Plädoyer für die Reproduktion als demokratische Maßnahme, gleichzeitig – und diese Fäden verlaufen gleichberechtigt, simultan in Ross' Reflexionen – dachte sie, wie auch Benjamin, über die kapitalistischen Dimensionen der Vervielfältigung nach, über Massenware und Konsumwahn. Alles hängt mit allem zusammen. Und noch mehr. Denn als sie 1992 nach Dresden kam, gehörten der Fall der Mauer, gleichwohl als globales historisches Ereignis begriffen, und die damit einhergehende Transformationen in Ostdeutschland, in Osteuropa zu den ökonomischen und mentalen Alltagserfahrungen vor Ort. Geradezu seismografisch muss sie diese Atmosphäre verstanden haben, auf ihren Wegen durch Dresden. Sie lief am Fluss entlang, über Brücken, durch Gassen, als würde sie durch mindestens vier, fünf Zeitebenen navigieren: Sie besuchte die legendären Kunstschätze wie einst die Romantiker\innen, sie wurde Zeugin der Evakuierungen nicht nur der Sixtina, erlebte die Bombardierung der Stadt und die Rückkehr der Gemälde aus der Sowjetunion, empfand den sozialistischen Optimismus der Nachkriegszeit und die Dumpfheit des Kalten Kriegs, dessen (offizielles) Ende 1990. In wenigen, dichten Worten beschrieb sie, die „benjaminisch" gestimmte Geschichtsflaneurin, in *valentine*, wofür Historiker\innen Bände brauchen. In ihrer persönlichen Lesart von Benjamins *Engel der Geschichte* hat dieser sich verdoppelt, reproduziert, und fliegt weder rückwärts noch vorwärts, sondern im Kreis. Das wird besonders deutlich, wenn *valentine* zum vorläufigen Sinkflug ansetzt: Das Bild der beiden tschetschenischen Frauen auf der Flucht, im Schnee, enthält das barfüßige Bauernmädchen von Raffael wie eine universelle Formel der Existenz – während umgekehrt die jugendliche Muttergottheit jedes künftige und vergangene Leid zu enthalten scheint. Derart spitzte Monica Ross ihren Text zu, ohne Scheu vor einem gewissen poetischen Pathos, und dabei ganz dicht an der Madonna und ihrem Personal, stets auf der Seite der Unterlegenen und gegen deren *unablässige Demütigung* stehend. (S. 41)

Susanne Altmann \ 2023

1) Philipp Otto Runge: *Reflexionen auf der Galerie.* In: *Zukunft seit 1560. Die Anthologie*, Hrsg. von Karin Kolb, Gilbert Lupfer und Martin Roth. Dresden – Berlin – München. 2010 \ S. 100–102, hier S. 101
2) Sigmund Freud: *Bruchstück einer Hysterie-Analyse.* In: Sigmund Freud: *Gesamtausgabe.* Hrsg. von Christfried Tögel unter Mitarbeit von Urban Zerfass. Gießen. 2018. Band 10, 1905–1906 \ S. 97–198, hier S. 153
3) Hélène Cixous: *Weiblichkeit in der Schrift.* Berlin. 1980 \ S. 20
4) Sigmund Freud: *Ich ging also mit einem weiten Herzen weg. Aus einem Brief an Martha Bernays vom 20.12.1883.* In: *Zukunft seit 1560. Die Anthologie.* Hrsg. von Karin Kolb, Gilbert Lupfer und Martin Roth. Dresden – Berlin – München. 2010 \ S. 178–180, hier S. 179
5) Siehe Esther Leslie: *Acts of Handwriting.* In: *Monica Ross, Ethical Action. A Fine Art Practice.* Hrsg. von Suzanne Treister und Susan Hiller. Berlin. 2016 \ S. 42–52
6) Monica Ross: *justfornow (and then).* In: *Monica Ross, Ethical Action. A Fine Art Practice.* Hrsg. von Suzanne Treister und Susan Hiller. Berlin. 2016 \ S. 18 (aus dem Englischen von Susanne Altmann)

Susanne Altmann studierte Kunstgeschichte und Philosophie in Dresden und New York. Als Autorin und Kuratorin konzentriert sie sich auf feministische, gender-basierte und politische Kunst. Sie publizierte zu Nancy Spero, Tina Bara & Alba d'Urbano, Magdalena Abakanowicz, Sibylle Bergemann u. a. Aktuell erschien ihr Buch *When Technology was Female. Histories of Construction and Deconstruction 1917–1989* (Amsterdam, 2024)

BIOGRAFIE

Monica Ross (1950–2013) arbeitete als Künstlerin häufig kollektiv und zeitbasiert, um ihre Kritik an Gesellschaft und Kunst zu formulieren. Ihre Laufbahn begann sie in den späten 1970ern in feministischen Gemeinschaftsprojekten wie *Feministo* und *Fenix*. In den 1980ern engagierte sie sich künstlerisch in der britischen Anti-Atomkraft-Bewegung. Ab den 1990er Jahren reflektierte sie über die Rolle der Medien in unserer Gesellschaft und entwickelte erste Netzkunstprojekte wie *justfornow*. Dabei begab sie sich in eine intensive Auseinandersetzung mit der Philosophie Walter Benjamins, aus der auch *valentine* entstand. Ihre Performances, Installationen und Projekte wurden in zahlreichen Ausstellungen gezeigt. Darüber hinaus leitete sie am Central Saint Martins in London den Studiengang Kritische Kunstpraxis, kuratierte Ausstellungen, schrieb Aufsätze und veröffentlichte Bücher. 2016 erschien ihre Monografie *Ethical Actions. A Critical Fine Art Pratice* bei Sternberg Press in Berlin.

www.monicaross.org

BIBLIOGRAFIE

Für Zitate wurden folgende deutsche Ausgaben verwendet:

WALTER BENJAMIN:

Gesammelte Schriften. Unter Mitwirkung von Theodor W. Adorno und Gershom Scholem. Hrsg. von Rolf Tiedemann und Hermann Schweppenhäuser. Frankfurt am Main. 1991 \ Erster Band, Zweiter Teil: *Charles Baudelaire. Ein Lyriker im Zeitalter des Hochkapitalismus.* S. 509–690 (Zitat in XII., S. 646–647) \ Erster Band, Zweiter Teil: *Über den Begriff der Geschichte.* S. 691–704 (Zitat in XIV., S. 698; und am Beginn des Inventars, S. 696) \ Erster Band, Zweiter Teil: *Das Kunstwerk im Zeitalter seiner technischen Reproduzierbarkeit – Dritte Fassung.* S. 471–508 (Zitat in IV., S. 483, Fußnote 11; in X., S. 496) \ Zweiter Band, Erster Teil: *Kleine Geschichte der Photographie.* S. 368–385 (Zitat in XVI., S. 373)

LEWIS CARROLL:

Alles über Alice: Alices Abenteuer im Wunderland, Durch den Spiegel und was Alice dort fand. Übersetzt von Günther Flemming. Einleitungen und Anmerkungen von Martin Gardner. Hamburg – Wien. 2002 (Zitat in VIII., S. 88–90)

SIGMUND FREUD:

Gesamtausgabe. Hrsg. von Christfried Tögel, unter Mitarbeit von Urban Zerfass. Gießen. 2017 \ Band 9, 1903–1905: *Zur Psychopathologie des Alltagslebens.* S. 15–110 (Zitat in V. und Paraphrase in XVIII., S. 95: „Die armen Leute, nicht einmal ihren Namen können sie beibehalten! ... Als ich dann am nächsten Tag nach einem Namen für eine Person suchte, die ihren eigenen nicht beibehalten durfte ...“)

Gesamtausgabe. Hrsg. von Christfried Tögel unter Mitarbeit von Urban Zerfass. Gießen. 2018 \ Band 10, 1905–1906: *Bruchstück einer Hysterie-Analyse.* S. 97–198 (Zitate in V., S. 182, Fußnote 73: Original etwas abweichend: „Die ‚Madonna' ist offenbar sie selber, …"; Zitat in VI., S. 183, Fußnote 73, Original: „um ‚Zweideutiges' und ‚Unanständiges' zu bezeichnen.", und S. 184: „Das klingt ja wie von einem Dienstmädchen, einer Gouvernante, 14tägige Kündigung."; Zitat in XVI., S. 176)

Brautbriefe. Briefe an Martha Bernays aus den Jahren 1882–1886. Hrsg. von Ernst L. Freud. Frankfurt am Main. 1988 (Zitate in V., S. 70f., Brief vom 20. Dezember 1883)

KARL MARX & FRIEDRICH ENGELS:

Werke. Hrsg. vom Institut für Marxismus-Leninismus beim ZK der SED. Berlin. 1963 \ Band 27: *Briefe Februar 1842 – Dezember 1851* (Zitat in XIV., „61 Engels an Marx in London, 13. Februar 1851", S. 190)

EDMUND WILSON:

Auf dem Weg zum Finnischen Bahnhof. Über Geschichte und Geschichtsschreibung. Übersetzt von Ehrenfried Klauer und Hans Stern. Frankfurt am Main. 1974 (Zitate in XIV., S. 410f.; Zitat in XV., S. 411, leicht abweichend: „‚Wer die Revolution nicht miterlebt hat', sagt die Krupskaja, ‚kann ihre große feierliche Schönheit nicht ermessen.'" Da hier „a sudden dazzling light seems to flash" als „plötzlich eine Offenbarung" übersetzt ist, wurde die Übersetzung der deutschen Ausgabe von Suchanow verwendet, die näher am englischen Sprachbild ist.)

NIKOLAJ NIKOLAJEWITSCH SUCHANOW:

1917. Tagebuch der russischen Revolution. Hrsg. von Nikolaus Ehlert. München. 1967 (Zitat in XIV., S. 281)

Anmerkung zum Hubert Grimme zugeschriebenen Zitat in IV.: Aufgrund der übereinstimmenden Wortwahl liegt die Annahme nahe, dass Monica Ross an dieser Stelle nicht aus dem von ihr angegebenen Grimme-Text *Das Rätsel der Sixtinischen Madonna* von 1922 zitiert, sondern Walter Benjamins Paraphrase aus *Das Kunstwerk im Zeitalter seiner technischen Reproduzierbarkeit* übernimmt. Die Übersetzung folgt dieser Annahme.

DANKSAGUNG

[zur deutschen Ausgabe]

Für die deutsche Ausgaben möchten wir ALICE ROSS und BERNARD G MILLS vom Monica Ross Archiv für die Erlaubnis und die Unterstützung danken. Ohne ihre Sorge und Leidenschaft für den Nachlass von MONICA ROSS wäre dieses Übersetzungsprojekt und die Ausstellung *Monica Ross – The Ghost in The Spinning Mill* 2022 in Leipzig nicht möglich gewesen. Ebenso danken wir der Kulturstiftung des Freistaates Sachsen für ihre Unterstützung.

KOLOPHON

Herausgegeben von HALLE 14 – Zentrum für zeitgenössische Kunst Leipzig. Fotografien von Bernard G Mills und Monica Ross. Übersetzung von Susanne Altmann. Lektorat von Frederik Richthofen, Leipzig. Mitarbeit an der deutschen Übersetzung Michael Arzt, Jorn Ebner und Nicholas Grindell. Gestaltung Bucheinband von Markus Dressen und Monica Ross. Typografie von Markus Dressen, Leipzig. Gesetzt in Walbaum™ von František Štorm, Storm Type Foundry. Gedruckt von Pöge Druck Leipzig, Bindung von Buchbinderei Müller, Gerichshain. Erschienen bei Spector Books OHG, Harkortstraße 10, 04107 Leipzig. www.spectorbooks.com. Vertrieb in Deutschland, Österreich: GVA, Gemeinsame Verlagsauslieferung, Göttingen GmbH & Co. KG, www.gva-verlage.de. In der Schweiz: AVA Verlagsauslieferung AG, www.ava.ch. Die deutsche Erstausgabe erscheint im Rahmen der Ausstellung *Monica Ross – The Ghost in the Spinning Mill* (2022) in der HALLE 14, in Kooperation mit dem Monica Ross Archive und wurde möglich durch die Förderung der Kulturstiftung des Freistaates Sachsen und der Stiftung Kunstfonds Neustart Kultur.

ISBN 978-3-95905-754-7 — Printed in Germany

1. Auflage: 2024

Finis.

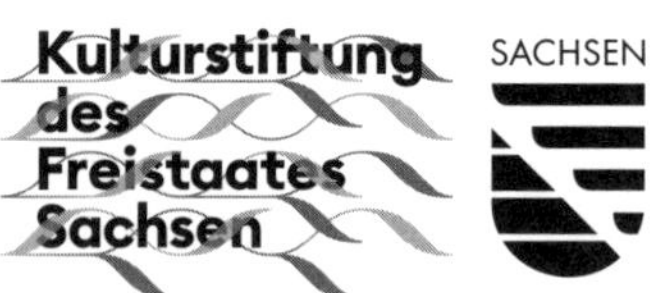

Diese Maßnahme wird mitfinanziert durch Steuermittel auf der Grundlage des vom Sächsischen Landtag beschlossenen Haushaltes.

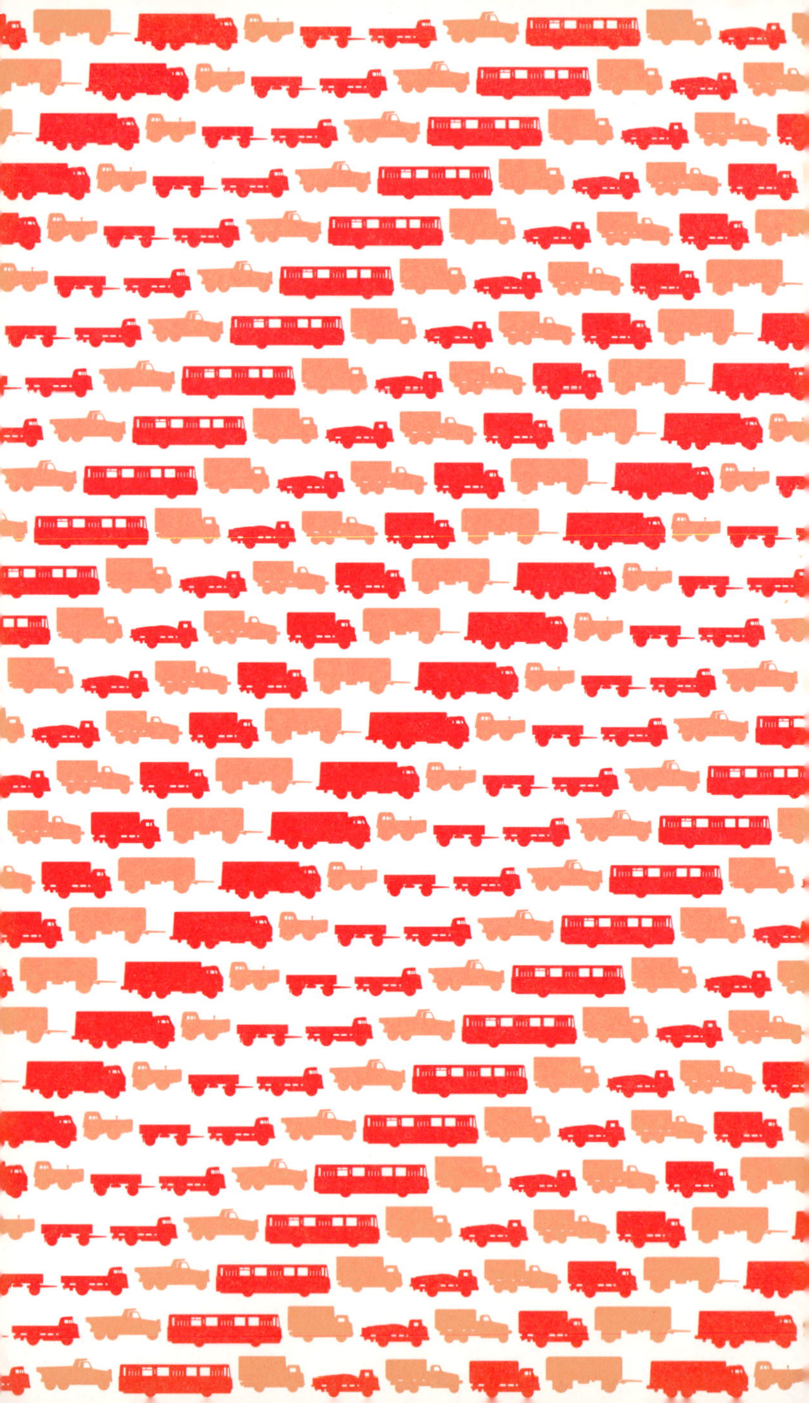